山东省智慧农业发展研究：
理论、技术与区域实践

刘　洋　丁朋松　郭　艳　主编

中国农业出版社

北　京

本书编委会

主　编：刘　洋　丁朋松　郭　艳

副主编：刘　洁　刘翠玲　徐维华　吕洪国　孙妮娜　张英杰　姜　蔚

参　编：(以姓名笔画排序)

马雪飞　王　丽　王　婷　王　鹏　王新语　王翠娟　刘　伟

孙青鹏　苏佳明　李公存　李淑平　杨剑超　邱鹏飞　辛国胜

宋来庆　张　伟　张　序　张丽丽　张焕春　张超杰　陈　屾

陈　娜　赵玲玲　姜法祥　姚建刚　夏秀波　顾　亮　郭对田

　　农业是人类社会发展的基石，也是经济社会可持续发展的重要支柱。在全球科技革命和产业变革的浪潮中，传统农业正向现代化、智能化、绿色化方向加速转型。智慧农业作为农业现代化的重要形态，融合了物联网、大数据、人工智能、区块链等前沿技术，为农业生产、经营、管理和服务提供了全新的解决方案。山东省作为我国农业大省，在智慧农业发展中具有得天独厚的资源优势和产业基础，其发展经验和实践模式对全国乃至全球智慧农业的发展具有重要的借鉴意义。本书以《山东省智慧农业发展研究：理论、技术与区域实践》为题，旨在系统梳理智慧农业的理论基础、关键技术、发展路径及区域实践，全面分析山东省智慧农业发展的现状、问题与对策，探索智慧农业在区域经济、生态环境和社会效益中的作用与价值。

　　全书共分为9章，内容涵盖智慧农业的理论基础、技术路径、发展现状、区域实践、政策支持、生态效益、国际合作及产业链协同发展等多个方面。第1章从智慧农业的定义、背景与需求、发展历程及特征入手，全面概述智慧农业的基本理论和国内外市场要素，为后续研究奠定理论基础；第2章聚焦我国智慧农业的关键技术与发展路径，分析政策引领作用，梳理智慧农业的框架及应用场景，提出分类推进的实施策略；第3章从国内外智慧农业发展水平及产业升级的角度，探讨智慧农业在不同区域的实践差异及其对农业产业升级的推动作用；第4章深入分析山东省智慧农业发展概况及存在问题，结合典型案例和数据分析，提出针对性的对策建议；第5章总结山东省智慧农业的区域实践与典型模式，提炼出农业园区、合作社、家庭农场等智慧农业发展的成功经验；第6章评估政策支持对智慧农业发展的推动作用，分析政策实施中的问题，并提出完善政策体系的建议；第 7 章探讨智慧农业的生态效益与可持续发展路径，分析智慧农业对资源节约、环境保护和社会效益的积极影响；第 8 章展望山东省智慧农业的国际合作与未来发展趋势，借鉴国际经验，提出推动智慧农业国际化的策略；第 9 章聚焦智慧农业的产业链整合与协同发展，分析产业链的构成与特点、整合模式及协同发展的关键路径，结合典型案例，提出推动产业链协同发展的战略建议。

本书的特色在于理论与实践并重，既有对智慧农业发展规律的系统梳理，也有对山东省区域实践的深入剖析；既关注技术创新与产业升级，也关注生态效益与社会价值；既立足国内发展实际，也放眼国际合作与未来趋势。希望本书能够为从事智慧农业研究的学者、政策制定者、农业企业及相关从业人员提供理论指导和实践参考。同时，也期望通过本书的出版，进一步推动智慧农业技术的创新与应用，加快我国农业现代化进程，为实现农业高质量发展和乡村振兴战略目标贡献力量。

刘　洋

2025 年 1 月

于港城烟台

目 录
CONTENTS

1 智慧农业概述与发展分析

  智慧农业是现代信息技术与传统农业深度融合的产物，是推动农业现代化和高质量发展的重要路径。通过物联网、大数据、人工智能、区块链、5G等新一代信息技术的应用，智慧农业实现了农业生产的精准化、智能化和高效化，彻底改变了传统农业依赖经验、劳动密集型的生产方式。智慧农业不仅涵盖了从种植、养殖到加工、流通的全产业链，还涉及农业资源管理、生态保护和农产品质量追溯等多个领域，是农业领域的一场深刻变革。随着全球人口增长、资源环境压力加剧以及气候变化等问题的日益突出，智慧农业的重要性愈发凸显。它不仅是解决粮食安全问题的关键手段，也是实现农业绿色发展、提高资源利用效率和促进乡村振兴的重要支撑。

  我国作为农业大国，智慧农业的发展既是应对国内农业发展挑战的必然选择，也是顺应全球农业现代化趋势的重要举措。在国内，农业生产面临着耕地资源有限、劳动力短缺、生产效率低下等问题，传统农业模式已难以满足现代农业发展的需求。与此同时，消费者对农产品质量安全和可追溯性的要求不断提高，农业生产亟须向标准化、数字化和智能化方向转型。在国际上，发达国家在智慧农业领域已取得显著成效，精准农业、无人化农场和农业大数据平台等技术的广泛应用，为我国提供了重要的经验借鉴。智慧农业的发展不仅是我国农业现代化的核心内容，也是提升国际竞争力、参与全球农业科技竞争的重要途径。

  本章将从智慧农业的定义入手，阐述其内涵和外延，结合当前农业发展的背景与面临的需求，梳理智慧农业的发展历程及现状，分析其核心特征，并探讨国内外智慧农业市场的关键要素。通过系统分析，全面揭示智慧农业在推动农业现代化、保障粮食安全、促进生态保护和实现可持续发展中的重要作用，为后续章节的深入研究奠定基础。

1.1　智慧农业的定义

　　智慧农业的概念最早由汪懋华提出。汪懋华在 20 世纪 60 年代就敏锐地认识到将自动化技术应用于农业是一个大有可为的新领域，并提出了"精细农业"的概念，这是智慧农业的前身。罗锡文也是智慧农业发展的重要推动者。他是华南农业大学的教授，致力于水稻生产机械化和农业机械与装备机电一体化技术研究。罗锡文在 20 世纪 80 年代末提出了"精准农业"的概念，这是智慧农业的早期形式。此外，智慧农业的概念也受到了国外"精准农业"的影响，并在国内得到了进一步的发展和推广。

　　我国智慧农业是将现代科学技术与农业种植相结合，从而实现无人化、自动化、智能化管理。是以信息和知识为核心要素，通过现代信息技术和智能装备等与农业深度跨界融合，实现农业生产全过程的信息感知、定量决策、智能控制、精准投入、个性化服务的全新农业生产方式。智慧农业按照工业发展理念，充分应用现代信息技术成果，以信息和知识为生产要素，通过互联网、物联网、云计算、大数据、智能装备等现代信息技术与农业深度跨界融合，实现农业生产全过程的信息感知、定量决策、智能控制、精准投入和工厂化生产的全新农业生产方式与农业可视化远程诊断、远程控制、灾害预警等职能管理，是农业信息化发展从数字化到网络化再到智能化的高级阶段，是继传统农业 1.0、机械化农业 2.0、生物农业 3.0 之后，中国农业 4.0 的核心内容。智慧农业的出现，标志着农业进入 4.0 阶段。农业 4.0 是一种高度智能化的耕作和经营方式，通过网络和传统耕作相结合的方式进行。在农业生产中运用智能互联网、物联网、大数据和电子商务等互联网技术，让农业经营变得更加生态化、智能化、城镇化和自由化，人们能够以更低的成本、更好的资源配置、更好的流通方式，从自然中获取健康、清洁、可持续的食品。

1.2　背景与需求

1.2.1　研究背景

（1）智慧农业促进农业生产的科学化与效益提升

　　智慧农业的核心在于利用现代数字技术对农业生产进行科学管理，从而提升生产效率和经济效益。通过互联网、物联网和大数据技术，智慧农业能够对生产过程中的每一个环节进行实时监测和数据记录。这些数据不仅包括气候条件、土壤湿度、作物生长状态等，还涵盖了劳动力和生产资源的投入情况。通过对这些数据的分析，农业生产者可以更科学地规划资源的使用，优化生产决策。精准施肥技术可以根据土壤的实际需求，合理配置化肥的种类和用量，避免了传统农业中因盲目施肥而导致的资源浪费和环境污染。此外，智慧农业还可以通过数据分析预测作物的生长周期和产量，帮助农民制定合理的种植计划，从而提高农业的整体效益。

在智慧农业的推动下，农业生产的投入产出比得到了显著改善。传统农业往往依赖经验和直觉进行决策，导致资源浪费和生产效率低下。而智慧农业通过数据驱动的方式，使得生产者能够基于科学依据做出决策，降低了生产成本，提高了经济效益。在一些应用了智慧农业技术的农场中，农民通过实时监测土壤和作物的生长情况，能够及时调整灌溉和施肥方案，从而实现了更高的产量和更好的品质。这种科学化的管理方式不仅提升了农业的生产效率，也为农民带来了更高的经济回报，推动了农业现代化的进程。

(2) 智慧农业保障食品安全与消费者权益

随着消费者对食品安全和质量的关注度不断提高，智慧农业的发展为保障食品安全和保护消费者权益提供了有力支持。通过大数据和互联网技术，智慧农业能够实现对农作物生长过程的全程监控，及时检测病虫害的发生，并科学管理农药的使用。这种实时监测和管理不仅提高了农产品的产量，还确保了其品质。农民可以通过传感器监测作物的生长状态，及时发现病虫害并采取相应措施，避免农药的过量使用，从而减少对环境的影响。

此外，智慧农业还通过建立农产品质量追溯体系，增强了消费者对食品安全的信任。消费者可以通过互联网查询所购买农产品的生产过程、使用的农药和肥料等信息，实现了产品的透明和开放。这种透明度不仅保护了消费者的权益，也促进了农产品的销售。消费者在选择产品时，能够更清楚地了解其来源和生产过程，从而做出更为明智的购买决策。这种信息的公开与透明，增强了消费者对品牌的信任，推动了市场的健康发展。

(3) 智慧农业改善生态环境与促进可持续发展

智慧农业的发展不仅关注生产效率和食品安全，还积极致力于改善生态环境，促进农业的可持续发展。在传统农业中，化肥和农药的过量使用导致了土壤质量的下降和生态环境的破坏。智慧农业通过精准施肥、测土配方和节水灌溉等技术，能够有效减少化肥和水资源的浪费，保护农业生态环境。通过对土壤的实时监测，智慧农业可以根据作物的实际需求进行精准施肥，避免了传统农业中因盲目施肥而造成的土壤污染和生态失衡。

此外，智慧农业还可以利用卫星和高精度传感器构建农业生态环境监测网络，获取土壤、水文等信息，为农业生态环境的调控提供科学依据。这种监测网络能够实时反馈农业生态环境的变化，帮助农民及时调整生产策略，确保农业生产与生态环境的和谐发展。通过这些措施，智慧农业不仅提升了农业的生产效率，还为实现农业的绿色转型和可持续发展奠定了基础。智慧农业通过数字技术的应用，推动了农业生产的科学化，提高了生产效率，保障了食品安全，改善了生态环境，促进了可持续发展。随着科技的不断进步，智慧农业将在未来发挥更大的作用，为实现农业现代化和可持续发展的目标提供强有力的支持。

1.2.2 智慧农业的市场需求

智慧农业正逐步成为推动农业现代化的重要力量。智慧农业管理应用软件，作为这一领域的核心工具，提升农业生产效率，促进农业资源的优化配置与可持续利用。根据《2024—2029 年中国智慧农业大棚行业重点企业发展分析及投资前景可行性评估报告》提到智慧温室大棚较普通大棚可节水 14%，节约化肥和营养素 31%，并使作物生长周期进一步缩短，产量提高 10% ～ 20%。也可以通过实时监测、数据分析、智能决策等手段，帮助农业从业者精准掌握农田环境、作物生长状况及市场动态，从而优化资源配置，提高生产效率，保障农产品质量与安全。

国家政策大力支持智慧农业的发展，如《"十四五"数字经济发展规划》和《国务院关于印发"十四五"推进农业农村现代化规划》等，推动物联网、大数据、人工智能等技术与农业生产经营深度融合。后续国家将继续出台相关政策支持智慧农业的发展，包括财政补贴、税收优惠、科研支持等。这些政策将有力推动对智慧农业的研发和应用。

人口增长和城镇化推进使得高效、安全的农产品需求不断增加，消费者对绿色、安全、高品质农产品的需求不断增长，智慧农业的发展受到市场需求的推动。其应用范围广泛，涵盖种植、养殖、病虫害监测、精准施肥、智能灌溉、农产品质量追溯等多个领域。这些应用有助于实现农业的精细化、智能化管理，提高农产品产量和质量，减少资源浪费，最终实现农业的可持续发展。根据研究报告分析指出，2022 年中国智慧农业市场规模达到 868.63 亿元，同比增长约 26.81%；2023 年市场规模约为 940 亿元，2024 年市场规模约 1 050 亿元。这表明智慧农业正逐步成为农业领域的重要增长点。未来五年，随着技术的不断进步和政策的持续扶持，智能农业市场规模将继续保持快速增长态势。

技术创新是智慧农业市场需求增长的另一个驱动因素，新技术、新产品的不断涌现将推动智慧农业的发展。它依赖于物联网、大数据、云计算、人工智能等现代信息技术，因此对这些技术的需求日益增长。农业传感器用于实时监测环境参数和动植物生长状态，智能分析系统则对收集的数据进行处理，提供决策支持。此外，农业智能装备如无人驾驶拖拉机和无人机的需求也在不断上升，它们在提高作业效率和减少人力成本方面发挥着重要作用。

1.3 智慧农业的发展历程及现状分析

1.3.1 智慧农业的发展历程

20 世纪 80 年代，以美国为代表的国家尝试将计算机技术应用于农业生产，目的在于通过计算机等科技仪器对农业生产实行科学监测和管理。随后欧盟及日本等国家也在不同农作物上进行类似尝试，我国虽起步较晚，但发展很快，于 1986 年在对小麦生产上进行了计算机系统的应用，研发了砂姜黑土小麦施肥专家咨询系统、黄土旱塬小麦生产管理系统等应用软件。

20 世纪 90 年代后期，美国率先尝试将全球定位系统应用于农业机械生产方面，实现了农业生产的精准化，并在此之后推出相关技术产品。我国也认识到智慧农业发展中技术创新的重要性，积极开展以精准农业技术为主的智慧农业应用实践活动。我国以农业专家系统为核心，实施了智慧农业信息技术应用示范工程。开发了 5 个农业智能系统平台，70 多个应用框架，200 多个地方农业专家系统，在农业各个领域形成了我国独特的"计算机农业"，全面推动了农业智能信息技术在我国的应用和发展。2009 年日本农业部设立了人工智能农业研究委员会，探索将人工智能技术应用于农业生产中。经过发展，至 2014 年，日本有超过 50% 的农民在生产过程中应用物联网技术，美国的农业生产方面对于物联网技术的应用也已经超过 70%。同年，我国也于中央 1 号文件中提出建设以农业物联网和精准装备为重点的农业全程信息化和机械化技术体系。

而我国的智能化农业信息技术研究始于 20 世纪 80 年代初，研发出了包括施肥专家咨询系统、栽培管理专家系统等多个系统平台。其中，施肥专家咨询系统是利用施肥量与各种农作物产量的关系，根据实测的土壤理化参数或土壤肥力、地力参数以及地理分布，评估肥力水平、肥料运筹、施肥时期、施肥方法、化肥投入与产出比的肥效、非正常情况下的补救措施等。近年来，信息技术飞速发展，其在农业上的应用也得以重视，我国农业正向知识高度密集型的现代农业发展，相继出现了"有机农业""生态农业""可持续农业""智慧农业"等替代型现代农业，智慧农业的出现为现代农业的发展指明了方向。2015 年以来，智慧农业的发展已经进入以数据为核心要素的新发展阶段。目前，我国北京、上海等地已开展了智慧农业的研究应用。我国也对智慧农业进行了多样本、多模式的推广建设，政府工作报告中曾提出"互联网＋"的发展战略，结合我国农业发展的实际情况，推出"互联网＋传统农业"创新的智慧农业发展模式，另外联合互联网企业，优化智慧农业技术，使农业在互联网时代中创新发展。

虽然智慧农业的出现为现代农业的发展指明了方向，但目前我国关于智慧农业的研究应用还处于起步阶段。特别是 2020 年以来，中国政府出台了多项政策以推动智慧农业的发展。《"十四五"数字经济发展规划》提出大力提升农村数字化水平，推进"三农"综合信息服务，创新发展智慧农业；《国务院关于印发"十四五"推进农业农村现代化规划》强调发展智慧农业，建立和推广应用农业农村大数据体系，推动新一代信息技术与农业生产经营深度融合；同时我国积极推动智慧农业的国际交流合作，引进先进的智慧农业适用技术，加强智慧农业技术合作研发，并参与智慧农业领域国际标准制定。2024年10月，农业农村部印发了《全国智慧农业行动计划（2024—2028年）》，该行动支持浙江建设智慧农业引领区，探索设立智慧农业专项资金，推动形成部省联动推进智慧农业建设的机制路径。计划到2028年年底，浙江农业产业大脑基本建成，培育1000家以上数字农业工厂、100家未来农场。按照"一年打基础、三年见成效、五年上台阶"的工作安排，分阶段推进智慧农业的发展。计划到2026年年底，农业生产信息化率达到30%以上；到2028年年底，农业生产信息化率达到32%以上。

具体智慧农业发展时间线见表1-1。

表1-1 智慧农业发展时间线

时间	国家	主要技术或事件
20世纪80年代	美国	尝试将计算机技术应用于农业生产，进行科学监测和管理
	中国	起步较晚，但发展迅速，1986年在小麦生产上应用计算机系统，研发施肥专家咨询系统等
20世纪90年代后期	美国	率先将全球定位系统（GPS）应用于农业机械，实现精准化农业
	中国	开展以精准农业技术为主的智慧农业应用实践，实施智慧农业信息技术应用示范工程
2009年	日本	设立人工智能农业研究委员会，探索人工智能技术在农业中的应用超过50%的农民在生产过程中应用物联网技术
2014年	美国	农业生产中物联网技术应用率超过70%
	中国	中央1号文件提出建设以农业物联网和精准装备为重点的农业全程信息化和机械化技术体系
2015年	中国	智慧农业进入以数据为核心要素的新发展阶段，北京、上海等地开展智慧农业研究应用
	中国	李克强总理提出"互联网＋"发展战略，推动"互联网＋传统农业"创新模式
2020年	中国	出台多项政策推动智慧农业发展，如《"十四五"数字经济发展规划》和《"十四五"推进农业农村现代化规划》
2024年	中国	农业农村部印发《全国智慧农业行动计划（2024—2028年）》，支持浙江建设智慧农业引领区

1.3.2 智慧农业的现状分析

（1）智慧农业市场规模

当前，我们国家的智慧农业仍处在起步阶段，其应用的渗透率不足1%。但是，随着社会环境和科技的发展，智慧农业得到快速发展，其市场规模也越来越大。数据显示，2021年我国智慧农业市场规模达685亿元左右，其中数据平台服务、无人机植保作业、精细化种植、农机自动驾驶分别占比67%、20%、12%、1%。

从图1-1可以看出，2021年全球智慧农业市场规模已经扩大到了145.88亿美元，显示出该领域的强劲增长势头。预计到2026年，全球智慧农业市场规模将达到341.02亿美元，年均复合增长率高达18.5%。这一增长率不仅反映了智慧农业技术的不断成熟和应用范围的扩大，也体现了全球农业对高效、可持续和智能化生产方式的迫切需求，展示了全球智慧农业市场规模的增长趋势，反映了智慧农业的市场潜力。

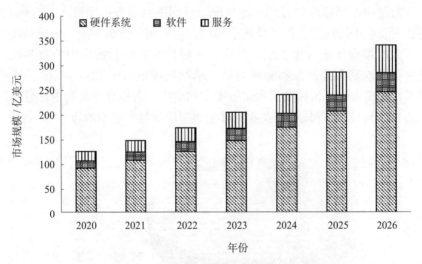

图1-1 2020—2026年全球智能农业市场规模情况及预测

数据来源：BIS Research。

伴随着我国相关政府对智慧农业发展的重视程度逐步提高，智慧农业的市场规模也呈现出了持续增长的趋势。从图1-2可以看出，2018年我国整体智慧农业市场规模在453亿元左右，到2019年整体市场规模突破500亿元，达到529亿元，三年复合增速在14.43%。截至2022年，我国智慧农业市场规模已经超过了700亿元，在2018—2022年的复合增长率达到了13%，可以看出，智慧农业的整体市场增速也在逐步提高。

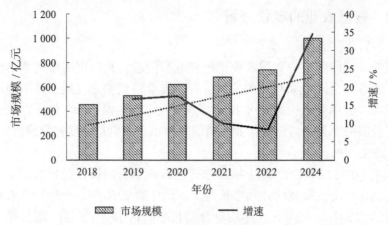

图 1-2　2018—2024 年我国智慧农业市场规模、增速

数据来源：2024—2029 年智慧农业行业市场深度分析及发展规划咨询综合研究报告。

图 1-3 是关于 2018—2024 年我国智慧农业市场规模的饼状图，展示了智慧农业市场中不同细分领域的占比情况。数据平台服务占比最大，达到 67%，表明智慧农业中数据平台服务是核心领域，主要用于数据采集、分析和决策支持。无人机植保作业占比 20%，显示无人机技术在农业植保中的重要性，尤其是在喷洒农药和监测作物健康方面。精细化种植占比 12%，反映了精准农业技术在提高作物产量和资源利用效率中的应用。农机自动驾驶占比最小，仅为 1%，说明自动驾驶技术在农业机械中的应用尚处于起步阶段。

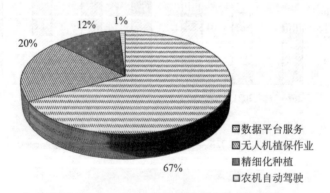

图 1-3　2018—2024 年我国智慧农业市场规模

数据来源：2024—2029 年智慧农业行业市场深度分析及发展规划咨询综合研究报告。

（2）智慧农业网络基础设施

在智慧农业基础设施方面，国家对"数字乡村"的建设给予了大力支持。《2024 年数字乡村发展工作要点》中提出，到 2024 年年底，农村地区互联网普及率预计还要提升 2 个百分点，农产品电商网络零售额突破 6 300 亿元。数字乡村建设已成为我国农业全面升级、农村全面进步、农民全面发展的新动力、新机遇。它还将推动信息化、数字化、信息化等技术在农业及农村经济社会发展中的运用，推动农业及农村现代化转型的进程。

如图 1-4，截至 2024 年 6 月，我国的网络用户数量达到了 11 亿人，网络普及率达到了 78.0%。与 2018 年末相比，提高了 32.73%。2024 年上半年，我国数字信息基础设施持续稳固，数字惠民利民服务广泛开展，有力推动网民规模增长。一是数字信息基础设施建设持续推进，满足更多人上网需求。数字信息基础设施建设稳步推进，显著提升网速并扩大高速网络覆盖范围，满足更多人群上网需求，推动网民规模增长。截至 2024 年 11 月末，我国累计建成 5G 基站达 419.1 万个，比 2023 年末提高 19.45%。二是网络应用拓展用户能力提升，持续推动更多人民"触网"。上半年，我国新增网民 742 万人。在新增网民中，娱乐社交需求最能激发网民上网，其中短视频和即时通信用户规模分别新增 277 万和 93 万人。随着技术进步和服务的不断完善，网络应用的加速普及将持续推动人民"触网"。

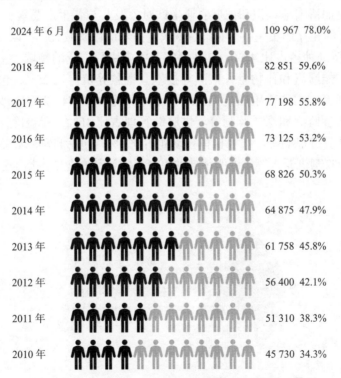

2024 年 6 月	109 967 78.0%
2018 年	82 851 59.6%
2017 年	77 198 55.8%
2016 年	73 125 53.2%
2015 年	68 826 50.3%
2014 年	64 875 47.9%
2013 年	61 758 45.8%
2012 年	56 400 42.1%
2011 年	51 310 38.3%
2010 年	45 730 34.3%

图 1-4 2010—2024 年我国网民规模和互联网普及率

数据来源：第 54 次《中国互联网络发展状况统计报告》。

1.4 智慧农业的特征

1.4.1 先进生产力特征

从系统工程的角度，可以将智慧农业理解为先进生产力要素组合后导致农业生产方式的变革。结合智慧农业技术特点与应用场景，智慧农业作为先进的生产力融合了三大生产力要素：一是农业生物技术（Biotechnology，BT），这是智慧农业的技术基础；二是农业信息技术（Information technology，IT），即主要依赖先进的信息科技增加人的智慧、提升农业装备的智能化水平，为农业赋能；三是农业智能化装备（Intelligent equipment，IE），主要是辅助或替代人工操作，减少生产经营者的劳动强度。智慧农业技术是直接的生产力，通过与农业各生产力要素（农业生产者、农业生产工具、农业生产对象）渗透融合起到生产力"倍增器"的作用，可以大幅度提高农业劳动生产率。智慧农业也是未来最活跃的农业生产力，互联网、农业人工智能、农业大数据、区块链等技术，将提升农业生产者决策和管理行为的智能化水平；农业传感器、农业机器人、农业智能装备等技术将实现传统农业生产工具的转型升级；数字化技术将使我们更加清晰地认识和把握农业生产对象及其与各生产要素、环境要素、技术措施等的相互作用关系。我国智慧农业技术应用领域大体可以分为五大类（图1-5），精准种植占比40%，是智慧农业中应用最广泛的领域，主要涉及精准施肥、智能灌溉和作物生长监测等技术。智慧养殖占比25%，包括智能饲喂、动物健康监测和养殖环境控制等技术。环境监测占比20%，涉及气象监测、土壤质量监测和水质监测等。供应链管理占比10%，涵盖冷链物流、智能仓储和供应链追溯等。农业机械自动化占比5%，包括自动驾驶拖拉机、播种机器人和收割机器人等。说明精准种植在我国智慧农业中占据了强有力的主导地位。

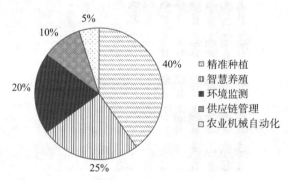

图1-5 我国智慧农业技术应用领域的占比

数据来源：《2023年中国智慧农业行业市场前景及投资分析报告》。

1.4.2　经济特征

数字经济已经成为当今世界经济发展的主要驱动力。2023 年，我国数字经济规模达到 53.9 万亿元，较上年增长 3.7 万亿元，增幅扩张步入相对稳定区间。2022 年，我国数字经济新十年的发展大幕开启，将进入新一轮快速发展阶段。2023 年中国数字经济规模已达到 45 万亿，占 GDP 的 36.2%。与此相关的政策支持也不断加码，数字经济已成为国家战略的核心。预计到 2025 年，我国数字经济规模将超过 60 万亿元；到 2032 年，将超过 100 万亿；十年间增长将超过 50 万亿元。据相关报告指出，截至 2023 年年底，中国数字经济规模达到 53.9 万亿元，数字经济占 GDP 比重达到 42.8%，预计 2035 年中国数字经济规模将达 150 万亿元，占 GDP 的 55%，达到发达国家平均水平。智慧农业可以创造数字经济，澳大利亚 The Yield 公司利用大数据和人工智能技术为养殖场提供精准信息服务，年产值近 5 亿美元。2023 年中国农产品网络零售额为 5 900 亿元，同比增长 11.0%；2023 年农村网络零售额达 24 900 亿元，同比增长 14.7%，预计 2025 年其网络零售额达 28 711 亿元。新发展格局下，利用信息技术大力发展智慧农业，通过构建农业新业态，发展农村新兴产业，不仅有利于缩小城乡数字和经济鸿沟，同时更孕育着巨大规模的农业数字经济发展潜力。

1.5　国内外市场要素分析

智慧农业作为现代信息技术与传统农业深度融合的产物，正推动农业向数字化、智能化方向转型。随着科技的飞速发展和国家政策的支持，中国智慧农业市场规模不断扩大，农业数字化转型稳步推进，数字技术在农业生产经营中的渗透率不断提升，取得了显著成效。在这一领域，中国的高校院所、企业（表 1-2）和智慧农业专家学者（表 1-3），为智慧农业的发展做出了重要贡献。

1.5.1　科研机构与高校的贡献

（1）智慧农业技术研发与创新

中国农业大学在智慧农业技术研发方面表现突出，2024 年成立的智慧农业与数字生态研究院（SADEI）专注于农业信息技术、物联网、大数据、云计算和人工智能等技术的应用，致力于提高农业生产效率、优化资源配置和保护生态环境。其"未来果园"项目应用了华为、中国移动、大疆等企业的科技成果，实现了从播种到收割的全程机械化和无人化操作。此外，中国农业大学发布的"神农大模型 2.0"覆盖了育种、种植、养殖等多个农业场景，赋能农业多领域创新。

华中农业大学在油菜智慧农业自供能感知研究上取得了突破，提出了基于摩擦电－电磁混合发电机的风能收集和感测设备，为农业环境监测提供了自供能解决方案。其智慧农业专业注重农业智慧生产、作物信息学、智能装备等知识能力的训练，培养急需的复合型人才。

（2）智慧农业技术应用与推广

南京农业大学自 2018 年成立智慧农业研究院以来，开设了农业人工智能与机器学习、农业遥感原理与技术等交叉课程，推动了水稻绿色智慧施肥技术的发展。其研发的"水稻全程绿色智慧施肥技术"和"水稻无人机智慧施肥技术"分别入选农业重大引领性技术和主推技术，推动了水稻生产从传统粗放型向现代智慧化转变。南京农业大学在江苏省盐城市展示的智慧稻作技术，通过智能控制设备、遥感监测平台和无人收割机等，为水稻生长提供了精确的处方和管理方案。

西北农林科技大学在 2024 年增设了"智慧农业""智慧牧业科学与工程"等专业，着力培养适应未来农业发展的创新人才。其"作物智慧生产实践"案例入选教育部"人工智能＋高等教育"应用场景典型案例，整合了农业传感器、物联网数据采集、智能决策系统等技术，提升了作物生产的智能化水平。

（3）智慧农业平台建设与示范

北京市农林科学院在智慧农业平台建设方面有着丰富的实践经验，承担了"工厂化农业关键技术与智能农机装备"重点专项，研发了粮食生产大数据平台，为粮食生产精准决策提供了"智能引擎"。其智慧农业新技术成果展示了智慧种业、智慧大田、智慧果园等典型应用场景的新技术与装备，推动了农业生产的智能化升级。此外，北京市农林科学院在北京平谷、密云、门头沟等 13 个区开展了"美丽智慧乡村"建设，打造了"3 网 3 图 1 平台"的应用服务模式，推动了乡村的数字化和智能化发展。

1.5.2　代表性企业的实践与创新

（1）智能农机与自动化技术

约翰迪尔公司（John Deere）通过精准农业技术和数字农业平台，帮助农民实现更明智的决策，提高产量并降低投入成本。该公司为农业领域客户提供的数据应用程序，利用第三方程序，通过加密的 API 连接到运营中心，致力于实现农业机械的物联网与精准农作。通过由硬件、嵌入式软件、连接性、数据平台和应用组成的技术栈，为迪尔客户提供智能解决方案。并在 2022 年推出了完全自动驾驶的拖拉机，农民可以通过手机进行监控。这种拖拉机拥有 6 对立体摄像头，每个摄像头都用到 AI 深度神经网络进行图像识别，每秒可进行 10 次物品像素分类，能做到 360° 无死角、自动分辨所处地形是否能够开展正常工作。

日本久保田株式会社（Kubota Corporation）推出的全电动农业自动驾驶车辆，完全自主运行，无须人工监督，通过集成先进的摄像机和传感器实现精确导航和任务执行，旨在重新定义农业效率、环境管理和自动化的界限。这款新农业汽车的核心是其全电动动力系统，为依赖化石燃料的机械提供了清洁、高效的替代品。该车辆具有快速充电功能，只需 6 分钟即可将电池从 10% 补充到 80%，确保最短的停机时间和最大的运营效率。同时 Kubota 追求自动化和无人驾驶机械的研究与开发，以实现农业中的超省力和高效作业。该公司预计在 2026 年投入使用无人监控下自动操作的产品，实现远程监控下的农业机械实用化。

凯斯纽荷兰（CNH Industrial N.V.）开发的驾驶员辅助收割技术利用 Case IH 品牌的收割技术与 Raven Autonomy 集成，提供了协调控制功能，允许在"边走边卸"操作中，牵引收割机的拖拉机规划路径和速度。这种解决方案使得拖拉机在卸粮过程中与收割机完美同步，减少了粮食溢出，提高了操作效率，并减轻了操作者的疲劳。另外，公司开发的无人驾驶耕作技术采用了 Raven Autonomy 的先进感知系统和远程命令控制体验，可以在没有驾驶舱操作员的情况下工作。机器可以通过移动平板设备远程操控，操作员可以规划和执行精确的自动化任务，并从任何地方监控一致的农艺结果。值得一提的是，凯斯纽荷兰公司开发的打包自动化技术，是全球首次在大型方捆打捆机上使用激光雷达传感器，通过扫描拖拉机前方的草条，以获取密度、体积和方向信息。拖拉机和打捆机通过输入自动控制转向、前进速度和打捆机等设置，确保打捆机精确跟随草条进行准确喂入。结果是优化了草捆形状，提高了生产力，增加了操作舒适性，并减少了燃油消耗。

潍柴雷沃重工股份有限公司在 2024 中国农业机械年度 TOP50+ 颁奖盛典中斩获多项大奖，展现了其在智慧农业领域的强大实力和影响力。在高密市姜庄镇潍柴雷沃示范农场的玉米田里，一台雷沃谷神 GM100 无人驾驶籽粒收割机正来回穿梭，按照既定路线进行无人收获作业，顷刻间，颗颗饱满的玉米粒便从卸粮筒装入了运粮车，动作一气呵成、干净利落。不同于以往的普通农机，这台无人驾驶收割机依托智能驾驶系统中的北斗卫星系统，可以实现精准定位，行驶路径更直、轨迹偏差更小，保证了每一行玉米都能够准确收入仓中，有效减少收获籽粒的破碎率和压倒率，实现提质减损。潍柴雷沃无人驾驶智能农机可通过远程操作实现精准定位、自动控制，提高了作业精度和作业效率，降低了生产成本，完全可以实现无人农场、一天 24 小时无人作业。一个上万亩的大型农场正常需要十几名农机手，采用无人驾驶技术则只需要一两名操控人员即可。

表 1-2　代表性企业智慧农业技术对比

类　　别	公司 / 项目	技术 / 平台
智能农机与自动化技术	约翰迪尔公司（John Deere）	精准农业技术、数字农业平台、自动驾驶拖拉机
	久保田株式会社（Kubota Corporation）	全电动农业自动驾驶车辆
	凯斯纽荷兰（CNH Industrial N.V.）	驾驶员辅助收割技术、无人驾驶耕作技术、打包自动化技术
	潍柴雷沃重工股份有限公司	无人驾驶籽粒收割机
数字农业平台与数据分析	拜耳公司（Bayer AG）	Climate FieldView ™ 数字农业平台
	爱科集团（AGCO Corporation）	"爱·农"农机车联网系统
	大北农集团	数智链平台
智慧农业生态与产业链整合	牧原实业集团有限公司	智能化生猪养殖解决方案
	袁隆平农业高科技股份有限公司	智慧种业运营平台
	北京世纪国源科技股份有限公司	地理信息和农业大数据
	吉峰三农科技服务股份有限公司	仪陇县数字化低碳育苗中心项目

（2）数字农业平台与数据分析

德国拜耳公司（Bayer AG）的 Climate FieldView ™ 数字农业平台，具备数据采集、存储和管理、数据分析、决策建模等多种功能，实现种植过程中相关数据的互联互通，为农艺决策提供支持。该平台已在全球超过 20 个国家上市，约 4 000 万公顷的农田数据连接到该平台。由拜耳（中国）有限公司等多方共同建设及运营的北京农业中关村蔬菜工厂项目于 2023 年 11 月实现试运营，是农业中关村核心区数字农业项目的建设重点之一。温室内设置 4 个相对独立的种植分区，通过自主科研集成与技术引进对标实验，研发示范适宜北方气候果菜高效生产的半封闭式温室结构与智能环控技术装备。目前已经与航天慧农、拜耳（中国）、中国电信、中国农业大学、北京工业大学等头部企业、院校积极对接，共同打造国产自主环控的连栋温室高效生产技术解决方案与运营模式。

美国爱科集团（AGCO Corporation）开发的"爱·农"农机车联网系统是一个农机作业管理平台，能够提升农机作业效率，优化农机调度管理，并且通过自动生成的工作日志便捷用户的作业管理。该系统每秒采集一次数据，每 60 秒向服务器传回一次数据，数据可以实时在电脑 Web 端和手机 / 平板 App 端进行显示。可以自动生成作业日志，以此来减少用户操作，提供机器的运营效果、工作效率、设备状态以及报警与提醒的报告供用户查阅。得益于爱科智能化农业装备，可以采集更多的数据，终端可以通过 CAN 总线采集发动机工作参数及车辆运行参数。强大完善的 LBS（基于位置信息服务）功能可以提供车辆的实时位置分布，包括：最新运动轨迹、历史运动轨迹、动画呈现轨迹行进路线及电子围栏等基于位置信息的服务。报警和提醒模块包括车辆故障实时报警，故障处理时限报警，保养提醒，电子围栏预警并提供核心关键参数的限值提醒。

大北农集团作为智慧农业行业的佼佼者，其主营业务涵盖了饲料科技产业和养猪科技产业，2023 年第一季度实现了营业收入 77.75 亿元，同比增长了20.36%。数智链的引入，为大北农饲料的传统生产线注入了新的活力。通过智能化的数据收集与分析，公司能够实时监控生产状况，并提前预测设备维护需求，显著减少了非计划停机时间，从而提升了整体生产效率。从"制造"到"智造"的转变不仅改善了产品质量，在成本控制和资源优化方面也实现了质的飞跃。在大北农饲料的数字化转型实践中，数据不再是冰冷无感的数字，而是成为了驱动企业决策的核心动力。利用数智链平台，公司能够深入分析市场动态，准确预判消费者需求，从而加快产品创新速度并更精准地布局市场。这种基于数据驱动的决策机制为企业赢得了前所未有的竞争优势。借助数智链的支持，公司在提高生产效率与产品质量的同时，在市场洞察力和战略规划上也展现出了领先同行的优势。随着技术不断进步，数字化与智能化正逐步成为现代农业发展的关键因素，推动整个行业向着更加高效、智能的方向前进。

（3）智慧农业生态与产业链整合

牧原实业集团有限公司的《河南省内乡县智能化生猪养殖解决方案》被农业农村部评定为全国 85 个典型案例之一，成为全国农业科技发展的一个典型代表。牧原集团将智能装备、物联网、大数据、云计算和 AI 等技术深度融合，研发各类智能装备 30 余项，搭建了覆盖全产业链的智能化数字平台，接入智能设备 220 万套，每天生成数据量达 10 亿条，精细化管理到每一个单元、每一台设备、每一头猪、每一个人，使管理更高效、更科学。在牧原肉食产业综合体内，全区域 5G 覆盖，智能环控、智能饲喂、智能巡检、智能声音采集器等机器人协同作业，全自动化运行，实现了链条智能化生产运营，不仅提高了员工的工作效率，更保障了猪群的健康生长，让猪吃得好、住得好、长得好，为大众生产美味、健康的猪肉。

袁隆平农业高科技股份有限公司以智慧种业运营平台为特色，推动了种业的数字化转型，提升了种业的智能化水平。数字技术持续激发乡村振兴的内生动力，不断重塑农业产业链、价值链。种业是农业产业链的起点，种业数字化发展是农业现代化的重要支撑。作为我国种业的龙头企业，隆平高科打造"一横一纵"数字化管理体系。"一横"是指横向拉通公司育繁推业务流程，由总部统筹为各业务单元搭建业务系统，实现核心业务的线上化操作；"一纵"是指纵向搭建贯穿总部、分公司的管理体系，总部对分公司的经营充分授权，但经营过程产生的数据需上交总部，既赋予业务单元经营的自主权、保持组织活力，又使集团总部能够对数据进行统一管理，实现了总部的透明化监管，推动数字化技术与研发、生产、经营和管理深度融合，探索种业在数字时代的高质量发展之路。

北京世纪国源科技股份有限公司专注于地理信息和农业大数据领域，以地理信息开发应用为核心，通过将3S（遥感技术、地理信息系统、全球定位系统）技术与云计算、大数据、人工智能等现代信息技术相结合，向客户提供地理信息数据工程、行业应用软件开发和空间信息应用服务等业务。先后参与了第二次、第三次土地资源调查，农村土地承包经营权确权登记等国家级重大数据工程，承担或联合承担了"农村土地承包经营权确权登记国家级数据库管理系统建设""第二次全国土地调查国家级数据库管理系统建设""第三次全国国土调查成果数据库管理系统和共享服务平台"等多个国家级资源调查数据库系统建设项目。公司具有较强的时空数据处理建库、软件开发与应用服务能力，积累了丰富的行业经验，在自然资源、农业农村空间信息化领域具有较强的竞争优势。

吉峰三农科技服务股份有限公司的仪陇县数字化低碳育苗中心项目是该公司现代农业组织化体系能力落地应用的典型项目，园区需要农机企业具备现代农业组织化体系建设能力，能够保障农业产业园区综合农事服务中心的模式可运营、能复制、易推广。项目要实现长期持续运营，核心是要让种植户赚到钱，以项目带动农业产业整体发展。因此，须密切联合当地现有服务力量，培育新的服务主体，降低农业生产成本，提高作业效益，实现与村集体利益有效链接。园区是集科学育种、田管收获、加工销售、品牌培育全产业链覆盖的粮食现代农业园区，创新了"平台公司+龙头企业+合作社+农户"利益联结机制，示范带动广大农户实现"土地流转有租金、务工就业有薪金、协议种粮有贴金"，实现经营主体和农户利益双赢。

1.5.3 专家学者的研究与影响

（1）无人农场与精准农业技术

罗锡文院士在智慧农业领域的研究重点之一是无人农场的关键技术与实践。他详细分析了未来无人智慧农业生产及科学研究的发展方向，并指出无人农场是智慧农业的一种生产方式，是实现智慧农业的一种途径。他强调智慧农业是通过现代信息技术、工业装备技术与现代农业生物技术等先进生产力要素深度融合而形成的数字化管理、智能化决策、自动化作业、精准化投入和网络化服务的全新农业生产经营方式。智慧农业的关键技术包括数字化感知、智能化决策、精准化作业和智慧化管理，涵盖了从数据采集、分析决策到作业执行和管理的整个农业生产过程。罗锡文院士团队在智慧农业方面进行了大量实践。他们建立了多个无人农场，这些农场集数字化感知、智能化决策、精准化作业和智慧化管理四大关键技术于一体，实现了耕、种、管、收生产环节全覆盖、机库田间转移作业全自动、自动避障异况停车保安全、作物生产过程实时全监控和智能决策精准作业全无人等功能。这些无人农场显著提高了劳动生产率、土地产出率和农业资源利用率。在应用方面，罗锡文院士团队在广西建立了首个水稻无人农场，通过使用无人驾驶拖拉机、插秧机、直播机、喷雾机、收割机和智能管控平台，基本实现了水稻生产耕、种、管、收全程无人化、数字化、精准化作业。该农场两季亩产干谷合计超过 1 000 千克，显著提高了水稻种植的效率和产量。

赵春江院士在智慧农业领域有着深入的研究和丰富的实践经验。他创建了我国第一个农业信息技术研究机构，建立了国家工程技术中心、农业农村部和北京市重点实验室等重要研究平台和国际上有重要影响的精准农业研究基地。围绕"信息化促进农业现代化"的国家重大需求，持续开展信息与农业深度融合的创新研究。围绕分散农户信息服务，牵头研制了小麦等作物栽培管理专家系统、农业专家系统二次开发工具 PAID 和"互联网＋"农业信息服务云平台。围绕规模化农场精准农业，牵头研发了精准作业处方、农机北斗导航、肥/药变量实施控制技术。围绕设施温室智能控制管理，主持研制出温室测控物联网技术产品，实现广泛应用。赵春江院士提出了智慧农业的关键技术，包括高端农业传感器、农业大数据智能、农业图像分析、智能机器以及机器人技术，并在水稻智慧生产和动物疫病智慧防控等方面进行了实践。

（2）智慧农业数据与决策支持

曹卫星教授团队致力于将中国几千年精耕细作的传统智慧与现代高新科技相结合，推动现代农业的发展。他强调智慧农业的关键在于数据的获取、处理与应用，通过构建"天空地"一体化的农业农村信息采集技术体系，利用精准感知和数据采集技术创新，突破无人机农业应用的共性关键技术，攻克农业生产环境和动植物生理体征专用传感器制造，实现重要农区、牧区跨区域、全要素、多层次的数据采集。他还指出，智慧农业是农业现代化的重要方向，具有广阔的发展前景，并强调了数据在智慧农业中的核心作用。其研究团队在智慧农业领域取得了多项重要成果，他们开发的智慧麦作技术通过智能测产收割机和麦情巡检机器人等设备，实现了小麦田间管理的精准高效。这些技术不仅提高了农作物的产量和品质，还为农业生产提供了科学依据。

黄季焜教授在智慧农业的发展与政策方面有着深入的研究，他指出要根据农业发展的实际需求制定适合不同地区和广大农民需求的发展路线图；要根据农业特有的生物生命属性，采用"农业＋数字"的技术路径，构建多学科交叉融合的技术创新体系。他提出要加强政府对智慧农业技术的补贴和支持；推动智慧农业技术的研发和本地化；提供针对农民的技术培训和推广服务；建立智慧农业示范区，促进技术的规模化应用。黄季焜教授还强调，智慧农业不仅是提高生产效率的工具，更是实现农业可持续发展的关键。他认为，通过精准施肥、智能灌溉和病虫害监测等技术，可以减少化肥、农药和水资源的浪费，降低农业对环境的负面影响。黄季焜教授在智慧农业领域的研究和观点，为中国智慧农业的发展提供了重要的理论支持和政策建议。他的研究强调了智慧农业在提高农业效率、促进小农户发展和实现可持续农业中的重要作用，同时也指出了推广过程中需要解决的关键问题。

（3）设施农业与植物工厂技术

杨其长研究员是中国农业科学院设施农业工程领域的学术带头人，开创了中国植物工厂技术研发与产业发展新方向，为设施农业产业发展作出了突出贡献。他积极推动植物工厂技术的实际应用，尤其是城市农业、特殊环境农业和高附加值农业等领域。他的团队结合四川与西南地区现代农业产业需求以及中国农科院科研优势，先后组建了 11 支科研团队在四川开展创新工作，并率领团队在智能植物工厂、垂直智慧农业、低成本叶菜工厂化等方面取得一系列进展。杨其长研究员在植物工厂领域的研究和实践，为中国植物工厂技术的发展提供了重要的理论支持和技术指导。他的研究不仅推动了植物工厂的技术进步，还为解决农业资源短缺、食品安全和气候变化等问题提供了创新的解决方案。

（4）智慧农业生态与产业链整合

李道亮教授是中国农业大学信息与电气工程学院的教授，他在智慧农业生态与产业链整合方面有着深入的研究。他指出，智慧农业不仅仅是技术的应用，更是农业生产方式的根本变革。他提出了"智慧农业生态圈"的概念，强调通过物联网、大数据、云计算和人工智能等技术的深度融合，构建一个从生产到消费的全产业链智能化生态系统。李道亮教授的研究团队在智慧农业生态系统的构建中，重点研究了农业生产、加工、流通和消费各环节的智能化技术，提出了基于区块链技术的农产品溯源系统，实现了农产品从田间到餐桌的全程可追溯。李道亮教授的研究为智慧农业的生态化发展提供了重要的理论支持和实践指导。

陈学庚院士在智慧农业装备与产业链整合方面有着卓越的贡献。他长期从事农业机械化与智能化研究，特别是在农业装备的智能化与自动化方面取得了显著成果。他指出，智慧农业装备是智慧农业的重要组成部分，是实现农业生产智能化的关键。他提出了"智慧农业装备＋产业链整合"的发展模式，强调通过智能化农业装备的应用，推动农业生产、加工、流通和消费各环节的协同发展。他的研究团队在智慧农业装备的研发中，重点研究了智能化农机、精准作业系统和农业机器人等技术，提出了基于北斗导航的精准作业系统，实现了农业生产的精准化和智能化。陈学庚院士的研究为智慧农业装备与产业链整合提供了重要的理论支持和实践指导。

（5）智慧农业政策与推广

张福锁院士在智慧农业政策与推广方面也有着重要的贡献。他长期从事农业资源与环境研究，特别是在智慧农业技术的推广与应用方面取得了显著成果。张福锁院士指出，智慧农业技术的推广需要政府、企业和农民的共同努力，特别是要加强对农民的技术培训和推广服务。他提出了"智慧农业技术＋农民培训"的发展模式，强调通过技术培训和推广服务，提高农民的技术水平，推动智慧农业技术的广泛应用。张福锁院士的研究团队在智慧农业技术的推广中，重点研究了精准施肥、智能灌溉和病虫害监测等技术，提出了基于物联网的精准施肥系统，实现了农业生产的精准化和智能化。此外，他还研究了智慧农业技术与农村电商的结合，提出了"智慧农业技术＋农村电商"的发展模式，通过电商平台将农产品直接对接消费者，减少了中间环节，提高了农民的收入。张福锁院士的研究为智慧农业技术的推广与应用提供了重要的理论支持和实践指导。

这些专家的研究对推动中国智慧农业的发展起到了至关重要的作用。他们的工作不仅大幅提升了农业生产的智能化水平，还为智慧农业的创新发展提供了全新的思路和强有力的技术支持。专家们通过引入先进的物联网技术、人工智能算法和大数据分析，成功地将传统农业与现代科技相结合，推动了农业生产方式的转变。他们开发的智能传感器和监测系统，使得农民能够实时获取土壤湿度、气温、光照等关键数据，从而实现精准灌溉和施肥。这种智能化管理不仅提高了资源的利用效率，还有效降低了生产成本，提升了农作物的产量和质量。专家们的研究还为农业决策提供了科学依据。他们利用大数据技术分析农业生产中的各种因素，帮助农民和农业企业制定更为合理的种植计划和市场策略。这种基于数据驱动的决策方式，使得农业生产更加灵活和高效，能够更好地应对市场变化和气候挑战。此外，这些研究成果还促进了农业生态环境的保护。通过智能化的监测和管理，农民能够更好地控制农药和化肥的使用，减少对环境的负面影响，推动可持续农业的发展。这不仅符合国家对生态文明建设的要求，也为实现绿色农业提供了切实可行的解决方案。这些专家的工作还激发了更多的创新思维和技术研发，推动了智慧农业相关产业的发展。随着智慧农业技术的不断成熟，越来越多的企业和科研机构开始关注这一领域，形成了良好的创新生态。这种良性循环将进一步推动中国农业的现代化进程，为实现乡村振兴和粮食安全目标提供坚实的基础（表 1-3）。

表 1-3　智慧农业专家学者的研究成果

类　别	专家 / 团队	研究重点 / 技术	特点 / 贡献
无人农场与精准农业技术	罗锡文院士	无人农场关键技术、智慧农业实践	建立首个水稻无人农场，通过使用无人驾驶拖拉机、插秧机、直播机、喷雾机、收割机和智能管控平台，基本实现了水稻生产耕、种、管、收全程无人化、数字化、精准化作业
	赵春江院士	农业信息技术、精准农业、智慧农业关键技术	创建首个农业信息技术研究机构，研发精准作业处方、农机北斗导航、肥 / 药变量实施控制技术，提出智慧农业关键技术
智慧农业数据与决策支持	曹卫星教授团队	"天空地"一体化信息采集、智慧麦作技术	构建农业农村信息采集技术体系，开发智能测产收割机、麦情巡检机器人，实现小麦田间管理精准高效，提高农作物产量和品质
	黄季焜教授	智慧农业政策、技术路径、可持续发展	提出"农业 + 数字"技术路径，强调政府补贴、技术研发本地化、农民培训、智慧农业示范区建设，推动精准施肥、智能灌溉、病虫害监测等技术，减少资源浪费，降低环境负面影响
设施农业与植物工厂技术	杨其长研究员	植物工厂技术、设施农业	开创中国植物工厂技术研发与产业发展新方向，推动城市农业、特殊环境农业、高附加值农业应用，研究智能植物工厂、垂直智慧农业、低成本叶菜工厂化技术，解决农业资源短缺、食品安全和气候变化问题
智慧农业生态与产业链整合	李道亮教授	智慧农业生态圈、全产业链智能化生态系统	提出"智慧农业生态圈"概念，研究农业生产、加工、流通、消费各环节智能化技术，开发基于区块链的农产品溯源系统，推动"智慧农业 + 农村电商"模式，减少中间环节，提高农民收入
	陈学庚院士	智慧农业装备、产业链整合	研究智能化农机、精准作业系统、农业机器人技术，提出"智慧农业装备 + 产业链整合"模式，开发基于北斗导航的精准作业系统，推动"智慧农业装备 + 农村电商"模式，减少中间环节，提高农民收入

（续）

类　别	专家 / 团队	研究重点 / 技术	特点 / 贡献
智慧农业政策与推广	张福锁院士	智慧农业技术推广、农民培训	提出"智慧农业技术＋农民培训"模式，研究精准施肥、智能灌溉、病虫害监测技术，开发基于物联网的精准施肥系统，推动"智慧农业技术＋农村电商"模式，减少中间环节，提高农民收入

1.6　小结

　　本章总结归纳了智慧农业的定义、背景、发展历程、特征以及国内外市场要素，全面分析了智慧农业在现代农业中的重要地位及其发展前景。智慧农业作为现代农业发展的重要方向，融合了物联网、大数据、人工智能等先进技术，旨在通过智能化手段提升农业生产效率、优化资源配置、降低运营成本，并推动农业的可持续发展。其定义涵盖了从生产到销售的全流程智慧化管理，强调通过技术手段实现农业生产的精准化、自动化和智能化。智慧农业的兴起源于全球农业面临的资源短缺、环境压力以及市场需求的多样化等挑战，尤其是在人口增长和气候变化背景下，传统农业模式已难以满足现代社会的需求。因此，智慧农业的市场需求日益增长，成为推动农业现代化的重要力量。回顾了智慧农业的发展历程，从20世纪末的信息技术应用到近年来物联网、大数据和人工智能技术的成熟，智慧农业逐步从机械化向数字化、智能化转型，并在全球范围内得到广泛应用。目前，智慧农业在发达国家已形成较为完善的产业链，而在发展中国家也逐步推广，成为农业现代化的重要抓手。智慧农业的特征主要体现在先进生产力和经济特征两个方面。在生产力方面，智慧农业通过精准监测、智能决策和自动化操作，显著提高了农业生产效率；在经济特征方面，智慧农业通过优化资源配置、降低成本和提升产品附加值，增强了农业的市场竞争力。

　　此外，本章还分析了国内外市场要素在智慧农业发展中的关键作用。高校院所在智慧农业的技术研发和人才培养方面提供了重要支撑，推动了农业科技的创新与应用。典型企业通过技术研发、产品推广和产业链整合，成为智慧农业发展的主要推动力量。行业专家则在政策制定、技术指导和市场分析等方面发挥了重要作用，为智慧农业的健康发展提供了智力支持。

2 我国智慧农业关键技术及发展路径

智慧农业作为现代农业发展的核心方向，得到了我国政府的高度重视与支持。近年来，国家相继出台了一系列政策和规划，明确了智慧农业的发展目标和重点任务。这些政策不仅为智慧农业的技术研发提供了资金支持，还为其推广应用和产业化发展奠定了基础。《国家农业现代化战略规划（2016—2025年）》和《数字农业发展战略纲要》等文件，明确提出要加快农业数字化转型，推动物联网、大数据、人工智能等新技术在农业领域的应用。在政策的引领下，我国智慧农业逐渐形成了从技术创新到产业应用的完整框架，涵盖了精准农业、设施农业、数字农业等多个领域，涉及粮食生产、果蔬种植、畜牧养殖等多个方面，取得了显著成效。以精准农业为例，通过对土壤、气候和作物生长的实时监测，农民能够根据数据制定科学的施肥和灌溉方案，显著提高了生产效率和资源利用率。

智慧农业的核心在于技术创新与应用，关键技术的有效整合为农业的现代化提供了强有力的支撑。物联网技术通过传感器实时采集土壤、气候、作物生长等数据，为精准农业提供了科学依据。这些数据不仅可以帮助农民了解作物的生长状况，还能在适当的时间进行精准施肥和灌溉，从而优化资源的使用。大数据和人工智能技术则通过数据分析和模型预测，帮助农民做出更为科学的生产决策。通过分析历史气象数据与作物生长数据，人工智能可以预测作物的最佳种植时间和收获期，从而提高整体生产效率。区块链技术在农产品质量追溯和供应链管理中也发挥了重要作用。通过区块链，农产品的生产、加工、运输等环节的信息可以被透明记录，消费者能够追溯每一件产品的来源和生产过程，提升了农业生产的透明度和消费者的信任度。此外，无人机、机器人等智能装备的广泛应用，显著提高了农业生产的机械化和智能化水平。无人机可以用于喷洒农药、监测作物生长状况，农业机器人则可以进行播种、收割等操作，大大减少了人工成本，提高了作业效率。

智慧农业在不同领域的典型应用场景中展现出巨大的潜力和价值。在粮食生产方面，智慧农业通过精准施肥和智能灌溉技术，帮助农民实现了粮食产量的稳步提升。在果蔬种植中，利用物联网技术监测温室内的气候条件，农民能够实时调整温度和湿度，确保作物在最佳生长环境中生长。在畜牧养殖领域，智慧农业通过监测动物的健康状况和饲料消耗，帮助养殖户优化饲养管理，提高养殖效益。然而，智慧农业的推广仍需结合我国农业发展的实际需求，提出分类推进的路径建议。首先，针对不同区域的特点，制定差异化的智慧农业发展策略。经济发达地区可以重点发展高科技农业，推广智能设备和精准农业技术；而经济欠发达地区则应注重基础设施建设和技术培训，提高农民的科技素养。其次，加强产学研结合，推动科研机构、高校与农业企业的合作，促进科技成果的转化与应用。此外，政府应加大对智慧农业的资金投入和政策支持，鼓励更多的市场主体参与智慧农业的建设与发展。

本章将从政策引领的角度出发，梳理我国智慧农业发展的政策体系和支持方向，进一步探讨智慧农业的技术框架和关键性技术，分析智慧农业在不同领域的典型应用场景，并结合我国农业发展的实际需求，提出智慧农业分类推进的路径建议。通过系统分析，我国智慧农业的技术发展方向和实施路径将更加清晰，为推动农业现代化和可持续发展提供理论依据和实践指导。

2.1 政策引领

2024年农业农村部关于印发《全国智慧农业行动计划（2024—2028年)》的通知中明确指出支持科研院校持续推进智慧农业技术模式迭代创新，加强智慧农业前沿技术研发与系统集成，引领智慧农业未来发展方向。指导各地根据种植、养殖品种和生产条件的实际需求，集成应用适宜的信息技术装备，因地制宜建设多样化的智慧农（牧、渔）场、智慧农场，重点应用环境监测调控、水肥药精准管理、智能植保、无人巡检运输、智能农机等技术装备。

同年印发《农业农村部关于大力发展智慧农业的指导意见》中指出，全方位提升智慧农业应用水平。一是推进主要作物种植精准化。推动良种良法良机良田与数字化有机融合，集成应用"四情"监测、精准水肥药施用、智能农机装备、无人驾驶航空器和智能决策系统等技术，提升耕种管收精准作业水平，构建主要作物大面积单产提升的数字化种植技术体系。合理布局田间物联网监测设备，统筹推进农业气象、苗情、土壤墒情、病虫害、灾情等监测预警网络建设，提升防灾减灾实时监测和预警预报能力。二是推进设施种植数字化。结合设施农业发展布局，以设施种植传统优势产区为重点，推动集中连片老旧低效设施数字化改造，推进环境控制、水肥一体化等物联网设备应用。加快推广国产化全流程智能管控系统，集成应用作物生长监测、环境精准调控、水肥综合管理、作业机器人等技术装备。以蔬菜和水稻生产大县（农场）为重点，推进育苗催芽播种等智能装备应用，推动集约化种苗工厂数字化建设。三是推进畜牧养殖智慧化。引导发展规模养殖智能化，按需集成环境精准调控、生长信息监测、疫病智能诊断防控等技术，推广精准饲喂等智能装备。鼓励规模养殖场建立电子养殖档案，推进数据直联直报，加快推广能繁母猪、奶牛个体电子标识。加强动物疫病监测预警、诊断和防控信息化建设，完善重大动物疫情测报追溯体系。四是渔业生产智能化。以规模化淡水养殖为重点，加快推进池塘、工厂化、大水面等养殖模式数字化改造，因地制宜应用鱼群生长监测、智能增氧、饲料精准投喂、鱼病诊断防控、循环水处理等设施设备。五是推进育制种智能化。加快省级农作物种质资源库（圃）数字化建设，推进种质资源信息互联共享。支持建设一批智能化现代化的农作物优势制种区和畜禽核心育种场，集成推广小区智能播种收获、高效去雄等智能设备。支持科研机构和种业企业联合打造智能育种平台，开发智能设计育种工具，推动经验育种向智能设计育种转变，有效缩短育种周期。推动遗传评估中心、畜禽品种性能测定站等试验数据共享，提升品种测试（测定）效率。完善中国种业大数据平台，探索建立品种身份证制度，推行种子可追溯管理。具体的政策方针可以见图 2-1 的政策出台时间轴。

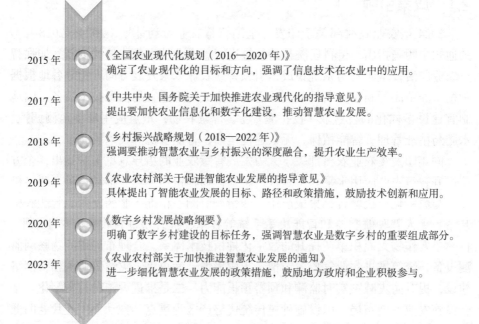

2015 年　《全国农业现代化规划（2016—2020 年）》
　　　　　确定了农业现代化的目标和方向，强调了信息技术在农业中的应用。

2017 年　《中共中央 国务院关于加快推进农业现代化的指导意见》
　　　　　提出要加快农业信息化和数字化建设，推动智慧农业发展。

2018 年　《乡村振兴战略规划（2018—2022 年）》
　　　　　强调要推动智慧农业与乡村振兴的深度融合，提升农业生产效率。

2019 年　《农业农村部关于促进智能农业发展的指导意见》
　　　　　具体提出了智能农业发展的目标、路径和政策措施，鼓励技术创新和应用。

2020 年　《数字乡村发展战略纲要》
　　　　　明确了数字乡村建设的目标任务，强调智慧农业是数字乡村的重要组成部分。

2023 年　《农业农村部关于加快推进智慧农业发展的通知》
　　　　　进一步细化智慧农业发展的政策措施，鼓励地方政府和企业积极参与。

图 2-1　我国智慧农业政策出台时间轴

2016年农业部发布《农业农村大数据试点方案》的通知中指出：一要推进涉农数据共享。开展省级农业农村大数据中心建设，通过软硬件资源整合和架构重建，形成上下联动、覆盖全面的省级农业农村大数据共享平台。完善农业信息资源共享机制，以共享促共建，制定涉农信息资源目录体系与相关标准，深化农业专项数据建设，促进信息资源共享共建、系统互联互通、业务协作协同。二要开展单品种大数据建设。利用大数据技术构建生猪价格发现机制，汇聚生猪全产业链数据，通过分析模型和关联分析技术，加强生猪价格周期波动规律研究。开展花生品种面积、生产资料、气象环境、精深加工、仓储运输、市场价格等数据采集，通过数据清洗、分析、挖掘和服务，指导决策、服务生产、辅助经营。依托农产品价格信息监测平台和蔬菜园艺场田间档案信息管理系统，打通绿叶菜从生产管理、投入品监管、质量安全追溯、价格行情到补贴发放等业务数据资源，建设绿叶菜生产经营管理地图。三要探索市场化的投资、建设、运营机制。探索政府和社会主体合作建设农业大数据的有效途径，按照"利益共享、风险共担、全程合作"的原则，引导新型农业经营主体及其他社会资金积极投资农业大数据建设。加强政府和社会资本合作（PPP模式）的制度设计，研究制定服务外包、项目代建的具体措施，以及与之配套的信息安全保密管理制度，探索大数据建设运营新模式。四要推动农业农村大数据应用。积极探索农业大数据技术在农业领域集成应用，对海量数据进行分析挖掘，实现决策的智能化、精确化和科学化。结合农业物联网、信息进村入户和农产品电子商务等工作，在测土配方施肥、动植物疫病防控、农机作业、农产品质量安全监管、农业生态环境保护等领域，研发一批有效支撑智慧农业建设的大数据应用系统。联合政产学研用各方主体，开展农业大数据共性关键技术研发和大数据关联分析，开发一批分析模型和应用成果。

2.2　智慧农业的框架

智慧农业作为现代农业实践中的一种变革性范式，利用尖端技术提高农业的效率、生产力和可持续性，已经成为全球农业发展的重要趋势。其核心在于多种技术组件的集成与交叉融合，首先从传感器和物联网设备的部署开始。这些技术的运用基于几个关键原则，包括资源优化、农业实践的精确性与准确性、数据驱动的决策、可持续性以及与市场准入平台的整合。智慧农业的应用领域广泛，涵盖作物生长、作物监测、牲畜管理、灌溉管理、病虫害控制、供应链优化和农场管理系统等多个方面。通过这些技术的应用，农民能够更好地管理和优化其农业生产过程，提高整体生产效率和资源利用率。

自20世纪80年代GPS技术引入以来，精准农业得以迅速发展，农民能够以前所未有的精度绘制和管理他们的田地。这一技术的应用为精准农业奠定了基础，标志着农业管理进入了一个新的时代。随着物联网和传感器技术的兴起，农民能实时收集田间数据，观察土壤状况、作物健康和天气模式等信息，从而做出更加明智的决策。进入 21 世纪 10 年代，人工智能和机器学习的广泛应用成为农业领域的一项重大进步。通过高级数据分析，农民能够基于实时数据做出决策，优化资源配置并提高生产力。此外，无人机和机器人技术的不断发展，使得各种农业任务实现了高度自动化和精确化。这些技术的结合不仅提升了农业生产的效率，也推动了传统农业向技术驱动型农业的转变，标志着农业实践的深刻变革。图 2-2 显示了智慧农业系统的框架。

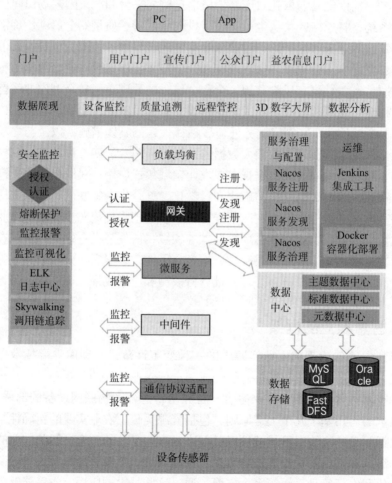

图 2-2　智慧农业系统的框架

智慧农业的不断发展，整合了先进技术以优化农业过程，形成了一种新型的农业生产模式。当前的趋势旨在彻底改变耕作方法，使其更加高效和可持续，以满足日益增长的全球粮食需求，同时最大限度地减少对环境的影响。国外学者们讨论了智慧农业的 3 种主要发展模式：设施农业、精准农业和订单农业，并探讨了每种模式的关键技术、应用和安全措施。同时，从信息技术和农业生产力的角度，研究了与智慧农业相关的安全问题，以及智慧农业在环境可持续性、经济可行性和社会可接受性方面的挑战与机遇。最新的技术进展如人工智能、云计算、大数据分析、区块链和物联网等，正在不断推动智慧农业的发展。一些综述性研究重点介绍了物联网在智慧农业中的作用，概述了新兴的农业物联网技术，包括无人机、云 / 雾计算、软件定义网络、开源物联网平台、无线技术和中间件平台等。这些研究不仅展示了智慧农业的潜力，也识别了农业物联网的研究差距和未来方向，为更深入地探索提供了基础。

　　智慧农业的核心在于数据的收集、分析和应用，通过整合来自传感器、无人机和卫星的数据，智慧农业系统能够提供精确的决策支持。基于实时的土壤和气象数据，智慧农业系统可以推荐最佳的种植时间、水肥管理方案和病虫害防治策略，帮助农民最大化产量并减少资源浪费（图 2-3）。通过这些智能化的管理措施，农业生产的可持续性和经济效益得以提升，农民的收入水平也随之提高。此外，智慧农业系统利用人工智能和机器学习技术，实现种植过程的智能化管理。自动化灌溉系统可以根据土壤温湿度和植物需求调整水量，从而减少水资源的浪费；智能施肥系统则能够根据土壤养分状况和植物需求，精确投放肥料，提高施肥的效率（图 2-4）。这些技术的应用不仅提高了农业生产的效率，还推动了资源的合理利用和环境保护，为实现可持续农业发展提供了有力支持。随着技术的不断进步，智慧农业将继续发展，成为未来农业发展的重要方向。

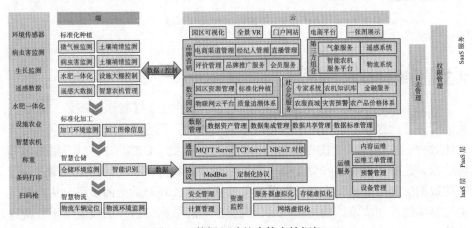

图 2-3　数据驱动的决策支持框架

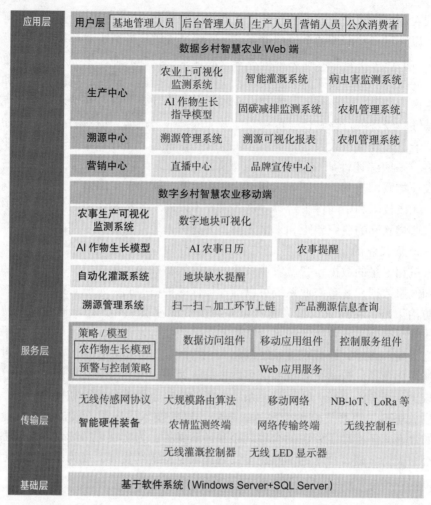

图 2-4 智能化的种植和管理

2.3 关键性技术

智慧农业的关键性技术涉及利用现代科技手段来提高作物产量、减少资源浪费，并通过在农业管理中战略性地利用数据、先进技术和实时信息来提升整体效率。这些技术的核心要素包括全球定位系统（GPS）技术、卫星图像和传感器，这些工具能够收集土壤、天气模式和作物健康状况的详细数据。通过这些数据的实时监测，农民可以获得关于作物生长环境的全面了解，从而做出更为科学的管理决策。数据收集后，机器学习和数据分析算法被应用于分析这些信息，以产生实用的见解，帮助农民优化生产过程。智慧农业的主要目标是精确地定制水、肥料和杀虫剂等投入，以满足每个田块的独特需求。这种精准施用不仅最大限度地减少了资源的浪费，还优化了资源的利用效率，确保每一滴水和每一克肥料都能发挥出最大的效能。此外，自动化机械和机器人系统的引入，使得种植、收获、监测和维护等精确任务得以高效完成。这些智能设备能够在田间进行实时监测，及时发现作物的生长问题，帮助农民快速采取措施，从而提高生产力。通过促进负责任的资源管理，智慧农业不仅提升了农业生产的效率，还为可持续发展奠定了基础。面对气候变化、土壤条件变化等挑战，农民通过采用先进的技术，能够更有效和可持续地增加粮食产量。利用传感器监测土壤湿度，农民可以在适当的时间进行灌溉，避免过度浇水造成的资源浪费。同时，卫星图像可以帮助农民分析大范围内的作物生长状况，及时调整管理策略，以应对不同区域的气候变化和土壤条件。因此，智慧农业不仅是提高农业生产效率的有效手段，更是实现农业可持续发展的重要途径。通过这些技术的应用，农业生产将更加科学化、智能化，最终实现粮食安全和生态环境的双重保障。具体智慧农业中关键技术及其应用见表 2-1。

表 2-1　智慧农业中关键技术及其应用

技 术	应用领域	主要功能
物联网	智能农业监测	实时收集土壤湿度、动物行为等数据
	灌溉管理	自动化灌溉控制，减少水资源浪费
	作物健康监测	识别植物病害、监测气候条件
农业机器人	精确播种、收割	自动化执行劳动密集型任务，减少对体力劳动依赖
	温室管理	监测温度、湿度，确保作物健康
无人机	作物监测	空中摄像头收集作物健康数据
	田间地图创建	精确评估灌溉系统和作物生长情况
人工智能	决策优化	预测农业生产，优化灌溉计划
	病虫害识别	通过图像识别技术识别病虫害
机器学习	数据分析	处理大数据集，提供预测模型
	精准农业	根据实时数据提供个性化管理建议
区块链	供应链透明度	追踪农产品从种植到分销的全过程
	智能合约	自动化支付流程，简化交易过程
	数据安全	确保交易记录的不可篡改性和安全性

（1）物联网及其设备

物联网（IoT）是一个由联网的物理设备组成的系统，这些设备通过内置的传感器、执行器和软件进行数据的收集、交换和使用。物联网的核心目标是增强设备间的连接性和自动化能力，使其能够根据收集到的数据做出智能决策。在智慧农业中，物联网设备通过实时监测土壤湿度、气候条件和动物行为等多种因素，极大地提升了农业管理的效率和效果。这些数据的在线传输使得农民能够远程监控农田状况，及时调整管理措施，从而优化资源利用和提高作物产量。

A. Morchid 等人对物联网和农业传感器技术的最新发展进行了深入探讨，指出其在农业中的广泛应用（图 2-5）。主要应用包括种子质量评价、遥感监测、气象监测、植保技术等。这些应用通过多种传感器的结合，能够实时识别植物病害、牲畜健康状况、水分含量、土壤 pH 和电导率等关键参数。国外学者将物联网和机器学习相结合，提出了一种新型智慧农业方法，通过卷积神经网络（CNN）实现对稻田褐斑病的早期识别。这种方法的创新之处在于采用深度学习技术，

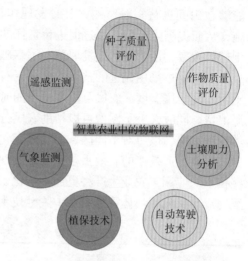

图 2-5　物联网在智慧农业中的应用

利用实时数据进行图像识别和预处理，从而提高了病害检测的准确性与效率。在低产量农业生产中，基础设施和资源的限制常常给农民带来挑战。为了解决这些问题，研究者提出了一种物联网驱动的创新方法，设计了一种基于传感器的灌溉模型。该模型在云端收集和分析数据，以实现实时监控，并将数据集成到用户的 Android 应用程序中。这一应用程序使农民能够手动控制灌溉系统或设置自动灌溉计时器，从而有效管理水资源。此外，应用中的机器学习模型能够根据不同的天气条件预测适合的作物种植方案。这种基于数据驱动的决策方式，不仅提高了农业生产力，还改善了农民的生计。随着技术的不断进步，边缘计算和雾计算的引入为物联网的应用提供了新的可能性。边缘计算使得数据处理更接近数据源，从而降低延迟，提高响应速度。研究者们提出了一种系统架构，将人工智能集成到边缘层，通过利用边缘和雾计算以及低功耗广域网络（LPWAN）技术，实现了广泛的覆盖。该架构由传感器节点、边缘网关、云服务器、LoRa 中继器和用户终端应用程序组成，能够高效处理来自多个传感器的数据。此外，研究还建议在边缘层使用基于 CNN 的图像压缩技术，这种技术能够显著减少数据大小，最高可达 67%，同时保持低于 5% 的解压缩错误率。这种创新方法为物联网数据的有效处理提供了新颖的解决方案，极大地提升了智慧农业的应用能力，该系统如图 2-6 所示。

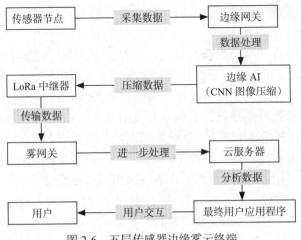

图 2-6　五层传感器边缘雾云终端

未来，物联网在智慧农业中的应用将继续扩展，推动农业生产的现代化。然而，随着技术的普及，仍然面临一些挑战。首先，数据的安全性和隐私问题日益突出。农民在使用物联网设备时，必须保证其数据不被滥用或泄露。其次，基础设施的建设和维护也需要大量资金的投入，尤其是在偏远地区，如何建立稳定的网络连接是一个亟待解决的问题。此外，农民的技术接受能力和培训也至关重要，只有通过教育和培训，才能使他们充分利用这些先进技术。为了应对这些挑战，政府和相关机构需要提供支持，推动物联网技术的普及和应用。同时，研究者应继续探索更高效的算法和系统架构，以提高物联网设备的性能和可靠性。随着人工智能、机器学习和大数据分析等技术的不断发展，物联网在智慧农业中的应用将更加智能化和自动化，帮助农民实现更高的生产效率和可持续发展。通过不断的创新和合作，物联网将在未来的农业生产中发挥越来越重要的作用，为全球农业的可持续发展提供强有力的技术支持。

（2）农业机器人和无人机

农业机器人和无人机通过空中摄像头和传感器为农民和农学家提供了先进的监控能力，正在彻底改变农业作业。这些技术在智慧农业领域发挥着至关重要的作用，标志着精确、高效和自动化的新时代。农业机器人设计用于执行多种功能，从种植和收割到除草和监测，帮助优化农业实践。它们不仅提高了工作效率，还通过自动化进行劳动密集型任务，减少了对体力劳动的依赖，缓解了劳动力短缺的问题。精准是农业机器人的显著特点，它们能够精确播种、施肥，并以最小的浪费执行其他关键操作，从而最大限度地提高资源利用效率。无人机则提供了农业地区的详细视角，能够进行精确的数据收集和分析，帮助农民更好地管理作物。通过这些先进的技术，农民能够在面对气候变化、土壤条件变化等挑战时，采取更有效和可持续的措施来增加粮食产量。

学者们通过研究苹果收获机器人，总结了其发展、结构和操作过程，深入探讨了苹果收获机器人背后的原理。这些机器人利用目标水果识别、全天候操作和智能计算理论，旨在提高收获效率。苹果收获机器人能够使用 GPS 技术和先进的传感器自主导航，确保准确及时地执行任务。通过采用机器人技术，农民可以显著提高生产力，优化资源利用，有效应对气候变化和不断变化的农业需求带来的挑战。此外，Dharmasena 等人介绍了一种自动化系统，旨在有效管理温室内的气候和灌溉。该系统采用云连接的移动机器人，能够监测空气湿度、土壤湿度、温度和 pH。通过图像处理，机器人可以检测出不健康的植物，并基于传感器数据，模糊控制器控制温室的灌溉、加湿器和制冷供暖系统。这种智能化的管理方式不仅提高了温室的生产效率，还为农作物的健康生长提供了保障。

无人机在农业监测和管理中同样展现出巨大的潜力（图 2-7）。在南非，无人机被用于监测作物健康、评估灌溉系统以及为智慧农业的实践创建详细的田间地图。得益于无人机飞行收集的实时数据，农民能够做出更好的作物管理决策，并在促进可持续农业实践的同时提高生产力。某些试验每周使用

图 2-7 智慧农业中的无人机应用

行星实验室的无人机和立方体卫星在多光谱带上收集玉米田图像，并进行了 28 次氮管理处理和 4 次重复实验的各种测量。这些研究表明，无人机和立方体卫星传感器可以在抽穗前识别氮胁迫，并使用叶绿素指数监测各种管理策略的胁迫水平变化。无人机数据的叶绿素指数提供了比常规叶绿素指数更详细的空间信息，因为它在研究试验区的不同氮管理实践时具有更高的分辨率。此外，学者们还提出了一种利用合成神经网络进行植物识别的自动化方法，该网络能够使用无人机识别植物叶子的图像。EfficientNet-B3 模型经过训练，在识别植物和疾病的特定组合方面取得了令人印象深刻的成功率。为了提高可访问性，开发了 Android 应用程序和网站，使农民和用户能够方便地从植物叶子中检测疾病。这些技术的应用不仅提高了植物病害检测的精度和有效性，还为农业的可持续发展提供了强有力的支持。

（3）传感器

传感器是智慧农业中不可或缺的组成部分，推动实时数据的收集，这对农业实践中的明智决策至关重要。这些传感器部署在田地和牲畜上，可以捕获对作物管理至关重要的一系列环境参数。土壤湿度传感器测量土壤不同深度的水分分布情况，帮助农民了解土壤的水分状况，从而制订合理的灌溉计划。温度和湿度传感器则提供气候条件的见解，使农民能够及时调整种植策略，以应对气候变化带来的挑战。此外，作物健康检测是通过结合不同传感器的各种测量来实现的，如水分、硝酸盐、pH、电导率、二氧化碳、温度、湿度、光照和水位等。这些传感器的综合应用，使得农民能够全面了解作物的生长环境，及时发现潜在问题并采取相应措施。

在牲畜管理方面，可穿戴设备结合了传感器来监测动物的健康和行为。这些设备能够实时跟踪牲畜的活动、饮水和进食情况，帮助农民及时发现健康问题并进行干预。这种数据驱动的管理方式不仅提高了牲畜的生产效率，还促进了动物福利。此外，提供大气条件的精确气象数据可以采用气象传感器，这些传感器能够监测风速、降水量和气压等气象因素，为农民提供更准确的天气预报，帮助他们做出更为科学的农业决策。通过这些传感器的应用，农民能够优化资源利用，推动可持续农业实践，减少对环境的影响。带有微控制器的摄像头、Wi-Fi、智能远程设备、互联网接入、用于接口的多个传感器节点以及不同位置的传感器节点都是物联网智慧农业系统的一部分。这些传感器包括测量温度、监测土壤湿度、使用被动红外（PIR）技术检测田间物体、人和动物的传感器，以及执行除草、喷洒和湿度传感等任务的基于 GPS 的远程控制机器人。电导率（Electrical Conductivity，EC）和 pH 传感器对智能农业至关重要，因为它们可以优化土壤和水条件，以最大限度地提高作物产量和生长。农民可以使用这些传感器的实时数据来做出更明智的施肥和灌溉决定。一方面，EC 传感器跟踪盐分水平，以防止土壤退化和管理养分水平，确保作物在最佳环境中生长。另一方面，pH 传感器评估土壤和水的酸度，以确保最佳的养分可用性。

当这些传感器与物联网技术结合时，可以实现精确的管理和自动化修改，鼓励可持续的耕作方法和资源的有效利用。农民可以通过智能手机或电脑实时监控田间的土壤湿度和气候条件，自动调整灌溉系统的运行。这种智能化的管理方式不仅提高了农业生产的效率，还减少了水资源的浪费，降低了对环境的影响。通过利用这些先进的传感器技术，农民能够更好地应对气候变化、土壤条件变化等挑战，从而实现农业的可持续发展。这些智能传感器的出现使农民能够接受精准农业，根据实际田间条件量身定制灌溉、施肥和病虫害防治。这种实时监控不仅提高了生产率和产量，还优化了资源应用，最大限度地减少了对环境的影响。南非的传感器体现了技术的变革力量，为现代农业培养了一种更高效、可持续和数据驱动的方法。Garlando 等人将智慧农业中使用的传感器分为两大类：测量植物健康和果实质量的传感器，以及关注支持植物生长的环境因素的传感器。他们指出，利用电子和传感器技术是实现农业各种目标的最直接方法。

未来，随着传感器技术的不断进步，智慧农业将迎来更大的发展机遇。新一代传感器将具备更高的灵敏度和准确性，能够实时监测更多的环境参数。此外，人工智能和机器学习的结合将使得数据分析更加智能化，农民能够根据实时数据做出更为精准的决策。随着 5G 技术的普及，传感器的数据传输速度将大幅提升，实时监控和远程管理将变得更加高效。这些技术的进步将进一步推动农业的现代化，帮助农民实现更高的生产效率和更低的环境影响，最终实现农业的可持续发展。

（4）人工智能和机器学习

人工智能（Artificial Intelligence，AI）和机器学习（Machine Learning，ML）处于智慧农业革命的前沿，为农民提供了强大的工具来优化决策过程并提高整体生产力。这些技术利用了智慧农业系统中无人机、传感器和其他物联网设备收集的大量数据，帮助农民在复杂的农业环境中做出更为科学的决策。在精准农业中，人工智能系统能够使用历史和当前数据来预测农业生产，优化灌溉计划，并识别潜在的病虫害暴发。通过分析气候变化、土壤条件和作物生长的实时数据，AI 可以为农民提供个性化的管理建议，帮助他们在不同的生长阶段制定最佳的作物管理策略。

机器学习算法的应用使得农民能够识别作物图像中的模式，从而评估植物健康状况并识别压力因素。这一过程不仅提高了作物的产量和质量，还减少了资源的浪费。AI 驱动的机器人系统能够执行精确播种、收割和除草等任务，减少了对体力劳动的依赖，提高了操作效率。利用机器学习算法，农民可以预测市场趋势，分析作物选择和定价策略，从而在竞争激烈的市场中占据优势。AI 和 ML 的适应能力使得这些技术能够持续改进，随着数据的积累和分析能力的提升，农民能够获得更精确和定制的建议，进一步推动农业的现代化和可持续发展。深度学习技术已成功应用于作物分类和病害识别，成为智慧农业中不可或缺的一部分。Amara 等人提出了一种使用卷积神经网络（CNN）模型识别和分类香蕉病害的方法，这种方法帮助农民能够及时、经济、有效地检测作物的疾病。该系统通过深度神经网络模型分析受影响叶片的图像，成功识别出两种香蕉病害，即斑点病和黑斑病。这种自动化的病害检测方法不仅提高了检测的准确性，还大幅度减少了人工检查的时间和成本，使农民能够更快地采取措施，保护作物免受损害。此外，研究团队还利用深度学习方法从灌溉系统的航拍图像中识别水资源需求。这种自动检测简化了灌溉系统管理，减少了维护时间和成本。使用 Mask R-CNN 神经网络的初步发现表明，在无人机捕获的图像中识别水是可行的，这为农民提供了更为精准的灌溉解决方案，确保水资源的合理利用。内蒙古农业大学的研究团队已经证明，利用基于注意力的深度网络是解决此类情况的可行方法，特别是在使用无人机系统进行杂草和作物识别的领域。其主要目标是检查视觉变换器，并将其用于无人机捕获的图像中的植物分类。这些深度学习技术的应用，不仅提升了农业生产的智能化水平，也为实现精准农业提供了强有力的支持。

随着技术的不断进步，AI 和 ML 在智慧农业中的应用前景广阔。Qi 等人成功将基于视觉注意力的 YOLOv5 模型应用于番茄病害识别，并对机器学习方法进行了全面的综述。这些研究不仅展示了深度学习在作物健康监测中的应用潜力，还鼓励了对探索 AI 和 ML 在智慧农业中的作用感兴趣的读者深入研究相关文献。未来，随着更多农民和农业企业的参与，AI 和 ML 将继续推动农业的转型，确保农业满足全球日益增长的粮食需求，同时变得更加可持续、高效和有弹性。在未来的智慧农业中，AI 和 ML 可以与其他先进技术相结合，如区块链和物联网，形成一个更加智能化的农业生态系统。这种集成将使得数据的收集、分析和应用更加高效，进一步提升农业生产的可持续性。同时，随着数据隐私和安全问题逐渐受到重视，如何在保证数据安全的前提下，充分利用 AI 和 ML 的优势，将成为未来农业发展的重要课题。通过不断探索和创新，AI 和 ML 将推动智慧农业向更高水平发展，为全球农业的未来提供强有力的技术支持。

（5）数据分析

数据分析在智慧农业中发挥着至关重要的作用，能够通过基本评估指标评估农业技术和实践的有效性和影响。利用数据分析提高农业效率、提供即时评估和提高作物产量是现代农业发展的关键。随着物联网设备、传感器、无人机和区块链等现代技术的集成，农业领域生成了大量的数据。这些数据需要进行深入的分析，以科学地了解影响农业的各种因素，包括作物发育、土壤健康和气候变化等。通过对这些数据的分析，农民能够确定最佳的种植、施肥和收割时机，识别需要特别关注的特定土地区域，从而优化农业管理。此外，数据分析还可以改善水等资源的分配方式，以减少浪费和减轻环境影响。通过实时监测土壤湿度、气候条件和作物生长状态，农民可以更有效地管理灌溉，确保水资源的合理利用。这种精准的资源管理不仅提高了作物的产量，还降低了对环境的负面影响。最终，在智慧农业中使用数据分析有可能改变食品生产的方法，使其更加环保、高效，并能够应对气候变化等挑战。智慧农业中的数据分析重要指标包括作物生产、水和肥料等资源的使用、水和能源的消耗、病虫害控制、土壤健康、经济可行性、环境影响、新技术的接受度、数据的准确性和可靠性、运营效率以及食品的质量和安全性。通过这些测量，数据分析为改善农业活动、推广可持续方法以及为农民、研究人员和政策制定者做出决策提供了重要信息。

机器学习算法在处理庞大的数据集方面表现出色，为疾病暴发、作物生产力和资源的有效利用提供了预测模型。权威学者认为，通过在物联网系统中使用数据分析和机器学习，可以为苹果园的苹果病害提供有效的预测模型，从而解决实际农业生产中面临的棘手问题。这种预测模型能够分析历史数据和实时数据，识别出潜在的病虫害风险，帮助农民及时采取防治措施，降低损失。解决农业中的灌溉挑战也至关重要，通过分析大数据，农民可以从传统的人工灌溉转向智能灌溉。学者们采用了一种将支持向量机和神经网络等数据挖掘算法与遥感和大数据相结合的方法，将机器学习与 Apache Spark 工具集成，通过测量土壤温度和湿度来预测土壤干旱。这些见解使农民能够做出战略决策，提高效率，最大限度地降低风险，促进可持续农业实践。智慧农业中的数据分析不仅可以提高运营生产力，还可以增强应对气候变化的能力，确保现代农业保持适应性、高效性，并能够应对快速发展的农业格局的挑战。

随着技术的不断进步，数据分析在智慧农业中的应用前景广阔。未来，随着传感器技术、数据处理能力和机器学习算法的不断发展，农业数据分析将变得更加精准和高效。农民将能够实时获取更为详细的农业数据，从而做出更为科学的决策。结合深度学习和图像识别技术，农民可以通过无人机实时监测作物健康状况，及时发现病虫害并采取相应措施。这种智能化的管理方式将进一步提升农业生产的效率和可持续性。随着大数据技术的不断发展，农业数据的整合和分析将变得更加全面。通过将不同来源的数据进行整合，农民可以获得更为全面的农业生产视角，从而制定更为科学的管理策略。同时，数据分析的结果将为政策制定者提供重要的决策依据，推动农业政策的科学化和合理化。通过不断探索和创新，数据分析将在智慧农业中发挥越来越重要的作用，为全球农业的可持续发展提供强有力的技术支持。

(6) 区块链技术

区块链技术是一种块链式存储、不可篡改、安全可信的去中心化分布式账本，它结合了分布式存储、点对点传输、共识机制和密码学等技术，通过不断增长的数据块链记录交易和信息，确保数据的安全和透明性。随着农业供应链的复杂性增加，区块链技术被越来越多地应用于智慧农业，以提高农业供应链的透明度、可追溯性和安全性。通过在智慧农业系统中使用区块链，创建了一个安全且不可更改的分类账，以跟踪从种植到分销的所有交易。这种透明性使得所有参与者，包括农民、加工商、分销商和消费者，都能够实时访问和验证信息，从而增强了供应链的信任度。

该技术的应用确保了数据的准确性，最大限度地降低了欺诈风险，并在利益相关者之间建立了信任。农民可以安全地记录作物生产细节，包括种植时间、施肥记录和收获日期等信息，而消费者则可以通过区块链追踪农产品的全流程，了解其来源和生产过程。这种透明度不仅促进了问责制和道德标准的建立，还增强了消费者对食品安全的信心。Kassanuk 和 Phasinam 的研究指出，中间商的参与，如人工操作的机构，导致可访问性、效率、安全性和不变性等问题。这些问题可能导致经济损失、作物污染和资源浪费，而区块链技术的引入则为解决这些问题提供了有效手段。区块链技术不仅提供了一个去中心化的分类账，还引入了智能合约的概念，能够实现自动和透明的协议执行，简化支付和质量保证等任务。智能合约是一种自执行的合约，其条款直接写入代码中，能够在满足特定条件时自动执行。这种自动化的特性减少了人为干预的影响，提高了交易的效率和安全性。在农业供应链中，智能合约可以用于自动化支付流程，确保在交付产品后立即进行付款，从而提高资金流动性和交易效率。

中央网络依靠区块链记录交易历史和相关信息，包括完成状态、发件人和收件人地址以及交易成功的详细信息。Kassanuk 和 Phasinam 的研究还介绍了一种采用区块链的智能合约框架。在这个系统中，区块链驱动的分销网络中的所有参与者都管理着彼此之间的交易。为了保持整个供应链生态系统的开放性和可追溯性，所有交易都会被记录下来，而为了检测是否存在误用，他们还采用了组签名机制。这种机制确保了交易的隐私性和安全性，同时又不失去透明度，能够有效防止欺诈行为的发生。在南非，区块链技术的应用为农业行业应对与食品安全、防欺诈和供应链效率相关的挑战提供了新的解决方案。通过在南非利用区块链，农业行业能够实现更高的透明度和可追溯性，从而提高消费者对食品安全的信任。这种技术的引入不仅有助于减少食品浪费，还能提高供应链的效率，最终帮助发展一个更可持续、更安全、更可靠的全球食品系统。区块链系统的整体性能基于各方之间的信任、系统风险降低和交易效率进行评估。

随着区块链技术的不断发展和成熟，其在智慧农业中的应用将更加广泛。区块链不仅可以用于追踪农产品的来源，还可以在农业融资、保险和市场交易等领域发挥重要作用。农民可以通过区块链平台获得融资，投资者可以通过透明的交易记录评估风险并做出投资决策。此外，区块链技术还可以与物联网、人工智能等其他先进技术结合，形成一个更加智能化的农业生态系统。这种集成将使得数据的收集、分析和应用更加高效，进一步提升农业生产的可持续性和效率。通过不断探索和创新，区块链技术将在智慧农业中发挥越来越重要的作用，为全球农业的可持续发展提供强有力的技术支持（图2-8）。

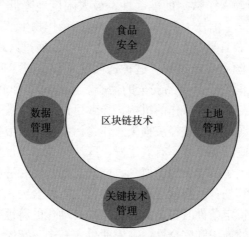

图2-8   智慧农业中的区块链技术应用程序

2.4   智慧农业的应用

智慧农业通过整合物联网、传感器和数据分析等先进技术，显著提升了农业生产的效率和可持续性。首先，传感器实时监测土壤条件、湿度和营养水平，为自动灌溉系统提供精确数据，确保最佳用水量，进而减少对环境的负面影响并提高作物产量。同时，无人机和卫星技术捕捉高分辨率图像，帮助农民及早发现作物健康问题。牲畜管理方面，物联网设备和可穿戴传感器实时监测动物健康和行为，使农民能够远程跟踪和评估牲畜状况，自动化饲养系统则确保最佳饲养条件。灌溉管理通过天气数据和土壤湿度传感器指导自动灌溉，优化用水并减少浪费。病虫害防治方面，物联网设备持续监测田块，配合无人机成像技术，能够精确识别受影响区域，数据分析和机器学习算法则预测疫情并推荐有针对性的干预措施，从而减少化学品使用，提升作物健康。供应链管理通过整合物联网、区块链和数据分析技术，实时监测农产品运行状态，确保透明和安全的记录保存，增强可追溯性。最后，农场管理系统为农民提供集中平台，实时监控土壤、作物和设备状态，优化资源配置，促进规划和决策。这些技术的应用不仅提高了农业生产的效率，而且推动了可持续发展，助力现代农业的转型与升级。智慧农业应用领域与技术手段见表2-2。

表 2-2　智慧农业应用领域与技术手段

应用领域	技术手段	主要功能
资源的有效利用	物联网、传感器、数据分析、无人机、机器学习算法	实时监测土壤条件、湿度和营养水平；自动灌溉；作物健康状况评估；作物产量预测；资源优化利用
作物的远程监测	传感器、无人机、数据分析	实时数据收集；作物健康监测；害虫和疾病早期发现；资源管理优化
牲畜管理	物联网设备、可穿戴设备、数据分析、预测分析算法	实时监测动物健康、行为和位置；自动化饲养；健康问题预测；动物福利提升
灌溉管理	物联网、数据分析、无人机	天气数据和土壤湿度监测；自动灌溉；远程管理；用水效率优化
病虫害防治	物联网设备、传感器、无人机、机器学习、数据分析、自动化系统	病虫害早期检测；精确识别受影响区域；预测疫情；精准干预；减少化学品使用
供应链管理	物联网、区块链、数据分析、GPS 设备	农产品运动监测；透明记录保存；库存管理；运输规划；需求预测；供应链优化
农场管理	物联网、数据分析、预测分析、自动化系统	土壤状况、作物健康和设备状态监测；资源分配优化；规划、调度和决策；提高效率，降低成本

（一）资源的有效利用与作物的远程监测

智慧农业通过整合物联网、传感器和数据分析等先进技术，正在从根本上改变作物的生长方式。传感器的实时监测功能使得土壤条件、湿度和营养水平的数据变得更加精确，这为农民提供了科学决策的基础。在这些数据的指导下，自动灌溉系统能够确保最佳的用水量，避免了水资源的浪费。无人机和卫星技术的应用，使得高分辨率图像的捕捉成为可能，农民可以通过这些图像评估作物的健康状况，及早发现潜在问题，从而及时采取措施。机器学习算法的引入，进一步提升了作物管理的智能化水平。这些算法不仅能够预测作物的产量，还能根据不同的生长阶段和环境条件，推荐量身定制的种植和收获策略。这种数据驱动的决策方式，不仅提高了资源的有效利用，而且减少了对环境的负面影响，促进了可持续和技术先进的农业实践。

作物的远程监测是智慧农业的另一个重要方面。通过在田间安装传感器，农民能够实时收集土壤条件、水分水平和养分含量的数据。这些数据的实时性确保了资源管理的精确性，帮助农民在适当的时间采取适当的措施。配备摄像头和传感器的无人机进行空中监视，能够捕捉详细的图像，帮助农民及早发现作物健康问题、病虫害情况。数据分析技术在这一过程中发挥了关键作用，它能够处理大量信息，为农民提供可操作的见解。这种积极主动的方法使得农民能够快速应对潜在的挑战，优化作物健康，最大限度地减少损失，最终协助在现代农业中开发更富有成效和可持续的作物监测方法。通过这些技术的结合，智慧农业不仅提高了作物的产量，还为农民提供了更为科学的管理工具，推动了农业的现代化进程。

（二）牲畜管理与灌溉管理的创新

在牲畜管理方面，智慧农业同样展现了其强大的潜力。通过整合物联网设备、可穿戴设备和数据分析，牲畜管理的方式发生了根本性的变化。牲畜可穿戴设备配备传感器，能够实时监测动物的健康、行为和位置。这些数据被传输到一个集中式系统，使农民能够远程跟踪和评估每只动物的健康状况。通过这种方式，农民可以及时发现健康问题并采取相应的干预措施，确保牲畜的最佳饲养条件。此外，自动化饲养系统和智能谷仓的引入，进一步简化了操作流程，提高了管理效率。预测分析算法的应用，使得农民能够预测潜在的健康问题，实现早期干预，从而最大限度地减少资源浪费，促进动物福利。这种智慧农业的牲畜管理方法，不仅提高了生产效率，还建立了一种更可持续、技术更先进的畜牧业模式。

灌溉管理是智慧农业的另一个关键领域。通过物联网和数据分析等先进技术，灌溉管理的效率得到了显著提升。天气数据和土壤湿度传感器的结合，指导自动灌溉系统确保准确及时地向作物供水。这些系统能够被远程监测和管理，从而优化用水并减少浪费。配备传感器的无人机提供实时鸟瞰图，有助于评估灌溉效果并确定需要注意的区域。数据分析算法处理这些信息，为改进灌溉调度提供见解。在不断变化的气候挑战情景下，智慧农业的灌溉管理能够提高用水效率，节约资源，促进可持续农业技术的发展。通过这些创新，农民不仅能够更好地管理水资源，还能在面对气候变化时，保持农业生产的稳定性和可持续性。

（三）病虫害防治与供应链管理的优化

病虫害防治是智慧农业中不可或缺的一部分。通过创新技术，病虫害控制的方式得到显著改善。物联网设备和传感器持续监测田块，能够及时检测虫害和病害的早期迹象。配备成像技术的无人机提供高分辨率视图，能够精准识别受影响区域。这些数据通过机器学习和数据分析算法进行处理，可以预测潜在的疫情并推荐有针对性的干预措施。自动化系统可以根据分析结果，管理精确数量的杀虫剂或部署生物控制方法。这种数据驱动的病虫害控制方法最大限度地减少了化学品的使用，降低了对环境的影响，同时提高了作物的整体健康状况。这一切都为在智慧农业时代促进有效和可持续的农业实践奠定了基础。

供应链管理在智慧农业中同样发挥着重要作用。通过整合物联网、区块链和数据分析技术，农业供应链的效率得到了显著提升。传感器和全球定位系统（GPS）设备监测农产品在各个阶段的运动，提供有关位置和条件的实时数据。区块链技术确保了透明和安全的记录保存，增强了可追溯性和问责制。数据分析处理这些信息，为高效的库存管理、运输规划和需求预测提供了重要见解。通过最大限度地减少延误、减少浪费和提高整体透明度，智慧农业有助于建立一个更精简、更有弹性和可持续的农业供应链，以满足现代市场的需求，并确保向消费者提供优质产品。随着这些技术的不断发展，农业供应链将变得更加高效和透明，为全球农业的可持续发展提供强有力的支持。

2.5 智慧农业分类推进路径

本节讨论了面向不同生产经营主体的智慧农业推进路径，主要分为小农户、家庭农场和规模化经营主体三类。对于小农户，目标是通过建立区域性农业大数据智能服务平台，提供便捷、高效的农业知识服务，促进与现代农业的衔接，并鼓励社会化服务组织探索智能语音交互服务，降低技术应用成本。同时，推动"互联网＋"农产品出村进城工程，支持电商与科研机构合作，促进优质特色农产品的产销对接。家庭农场方面，旨在提升经营管理能力，支持创建智慧农业示范农场，并提供菜单式的全程生产托管服务，鼓励开发定制化技术套餐。对于合作社和龙头企业，强调制定无人生态农场技术应用标准，支持建设国家无人农（牧）场示范基地，推动无人自主作业的集成应用，并鼓励社会资本参与新型基础设施建设。智慧种植业方面，重点在粮食和蔬菜生产基地开展智能监测与精准服务示范，推动气候智慧型农业模式，建设无人农场和植物工厂，应用各类机器人。智慧养殖业则通过物联网和大数据实现养殖过程的智能化，推广精准饲喂和电子养殖档案，强化疫病监测与防控。农产品智慧供应链建设包括智能加工车间、冷链物流和区块链追溯平台，确保农产品质量和安全。建议建立差异化的智慧农业补贴机制，支持不同规模农户应用数字技术，推动农业的高质量发展。

2.5.1 面向不同生产经营主体的推进路径

（1）小农户

以促进小农户与现代农业有效衔接为目标，以"信息进村入户工程""全国农业科教云平台"为基础，建立功能完善的区域性农业大数据智能服务平台，为小农户提供便捷、高效、精准的农业知识服务，促进农业生产性服务的精准化、个性化。鼓励各类社会化服务组织、信息化企业探索农业智能语音交互服务新模式，为小农户提供专业化、个性化的农业科技信息、生产托管、装备共享等服务，降低智慧农业技术产品与服务的应用成本。继续开展"互联网+"农产品出村进城工程，支持电商企业与科研机构共同探索电商兴农新模式，为小农户提供产销对接平台，支持优质特色农产品的产销衔接、优质优价。

（2）家庭农场

以提升家庭农场经营管理能力、实现最佳规模效益为目标，研制智慧农业示范农场适度规模标准，支持粮食主产区、大宗农产品优势区、现代农业示范区的家庭农场创建智慧农业示范农场。以"中国农业社会化服务平台"等为基础，引导支持各类社会化服务组织为家庭农场提供菜单式、全程生产托管的智慧农业社会化服务。鼓励市场主体开发适用的数据产品，为家庭农场提供定制性技术套餐和应用方案，支持开展针对性的生产计划。

（3）合作社、龙头企业等规模化经营主体

组织力量制定不同区域、不同行业无人生态农场技术应用模式的适用性标准。以国家现代农业产业园为主要载体，优先支持规模以上的粮食、蔬菜、生猪、奶牛、蛋禽等类别农场或入驻企业（合作社）批量建设国家无人农（牧）场示范基地，分阶段、分层次、分领域、分梯次推进无人自主作业的集成应用，尽快形成与我国农业大国地位相适应的生态化、无人生产技术体系。鼓励社会资本围绕"新基建"农业场景应用落地目标，参与农场 5G 网络、数据中心、基础数据资源体系、农产品数字供应链等新型基础设施建设，批量建设智慧田园、智慧植物工厂、智慧牧场、智慧渔场、智慧果园、农产品智能加工车间等并凸显示范效应。

2.5.2　面向不同产业主体的推进路径

（1）智慧种植

围绕粮食和蔬菜的稳产保供、提质增效需求，在规模化粮食和蔬菜生产基地，重点开展"天空地"一体化智能监测与精准服务应用示范。推动粮食主产区气候智慧型农业模式、西北地区草地气候智慧型管理模式等气候智慧型农业应用示范项目，增强作物生产对气候变化的适应能力。开展农机、农艺与智能化融合应用示范工程，补齐精准作业覆盖环节不全、智能装备协作效率低等短板。批量建设"无人（或少人）农场""植物工厂"，配套应用嫁接机器人、除草机器人、打药机器人、采摘机器人、设施温室电动作业机器人等，实现无人或少人种植场景落地。

（2）智慧养殖

智慧养殖是智能科技在农业领域的应用，是指通过智能科技手段，运用物联网、大数据、云计算等技术，将传统农业养殖与现代科技相结合，实现养殖过程的智能化和自动化。发展规模养殖智能化，按需集成环境精准调控、生长信息监测、疫病智能诊断防控等技术，推广精准饲喂等智能装备。在土地资源相对紧缺地区，推广智能化立体养殖技术。鼓励规模养殖场建立电子养殖档案，推进数据直联直报，加快推广能繁母猪、奶牛个体电子标识。加快饲料原料营养价值和畜禽动态营养需要量数据库建设，推广国产饲料配方软件。加强动物疫病监测预警、诊断和防控信息化建设，完善重大动物疫情测报追溯体系。

（3）农产品智慧供应链

在海南省、山东省、重庆市、河北省、贵州省、江苏省等鲜活农产品主产区和特色农产品优势区，建立和投产智能加工车间农产品质量无损检测与分级分选系统。在有条件的鲜活农产品主产区、特色农产品优势区，建立农产品区域性冷链物流节点和骨干网络，保持对农产品储运环境的精准调控。依托单品种全产业链大数据试点县，建设基于区块链技术的农产品供应链追溯平台，示范应用农产品数据联盟链管理新模式，保持高端农产品全生命周期的数据监测和可追溯管理。在全国农产品主销区，探索农产品供应链智能监管模式，整合智慧农贸系统可视化信息展示、农产品溯源、区块链等功能，保持重大食品安全事件的及时预警、快速响应、源头追溯（表2-3）。

表2-3　面向不同产业主体的智慧农业推进路径

产业主体	推进路径	重点内容
智慧种植	"天空地"一体化智能监测与精准服务应用示范	1. 粮食主产区气候智慧型农业模式 2. 农机、农艺与智能化融合 3. 无人（或少人）农场、植物工厂 4. 机器人应用（嫁接、除草、打药、采摘等）
智慧养殖	智能科技在养殖领域的应用	1. 环境精准调控、生长信息监测、疫病智能诊断防控 2. 智能化立体养殖技术 3. 电子养殖档案与数据直联直报 4. 饲料配方软件与疫病监测预警
农产品智慧供应链	智能加工车间、冷链物流、区块链追溯平台建设	1. 智能加工车间与质量无损检测系统 2. 区域性冷链物流节点与骨干网络 3. 区块链追溯平台与数据联盟链管理 4. 智能监管模式与食品安全事件预警

2.5.3　建立差异化的智慧农业补贴机制

为推动智慧农业的发展，建议将农业物联网成套设备和智能拖拉机的配套测控终端纳入农机购置补贴的范畴。这一措施旨在降低农民在购买高端智能化农业机械时的经济负担，鼓励更多农户和农业经营主体积极采用先进的农业技术。随着农业现代化进程的加快，智能化高端农机的应用已成为提升农业生产效率和可持续发展的重要手段。因此，适度提高智能化高端农机购置补贴标准，将有助于加速智能农业设备的普及，推动农业生产方式的转变，进而提升整体农业生产力。

针对不同区域和产业的差异性，建立支持各类规模农户应用数字技术的差异化补贴机制显得尤为重要。小规模农户在技术应用和资金投入上往往面临较大挑战，因此，为他们提供智能移动终端补贴与网络接入费用减免，将有效降低他们的技术应用门槛，促进数字技术在小农户中的推广。同时，按照生产规模给予适度规模经营主体以定额补贴或比例补贴，可以激励中小型农场和家庭农场的数字化转型。此外，针对提供智能作业服务的主体，按照服务面积给予托管服务补贴，将进一步推动农业服务市场的发展，提升农业生产的专业化水平。

在特定区域和产业方面，针对生猪、奶牛、家禽养殖大县实施智慧畜禽养殖试点补贴方案，将有助于提升这些地区的养殖效率和管理水平。以东北地区、内蒙古自治区、新疆维吾尔自治区等地为重点，针对大田粮食、露地蔬菜等智能动力设备和专用作业装备，给予购置补贴与作业服务补贴，将有效促进这些地区的农业现代化进程。同时，针对设施蔬菜标准园和水产健康养殖示范场，探索农业物联网成套设备与解决方案的补贴办法，将为这些新兴农业模式的发展提供有力支持。通过这些差异化的补贴政策，不仅能够促进各类农户的数字化转型，还能推动整个农业产业链的升级，助力实现农业的高质量发展。

2.6　小结

本章总结归纳了我国智慧农业的关键技术及发展路径，全面分析了政策引领、技术框架、应用场景以及分类推进路径，为我国智慧农业的进一步发展提供了系统性指导。首先，政策引领在智慧农业的发展中起到了关键作用，国家通过一系列政策支持和资金投入，为智慧农业的推广和应用提供了有力保障。其次，智慧农业的框架构建了从数据采集、分析到决策执行的全流程体系，为农业生产提供了智能化解决方案。关键性技术如物联网、大数据、人工智能和区块链等，成为智慧农业发展的核心驱动力，推动了农业生产的精准化、自动化和智能化。还详细探讨了智慧农业在不同领域的应用，包括精准种植、智能养殖、农产品加工和物流等，展示了智慧农业在提升生产效率、优化资源配置和降低运营成本方面的显著成效。此外，针对不同生产经营主体和产业主体，本章还提出了分类推进路径，强调因地制宜、因业施策，确保智慧农业的推广能够满足不同主体的需求。同时，建立差异化的智慧农业补贴机制，为中小农户和新兴农业企业提供了政策支持，促进了智慧农业的普惠性发展。

3 我国智慧农业发展水平及产业升级分析

　　智慧农业作为现代农业发展的重要方向，正在全球范围内快速推进。它通过物联网、大数据、人工智能、区块链等先进技术的应用，推动农业生产方式的变革，提高农业生产效率、资源利用率和生态可持续性。我国作为农业大国，在智慧农业领域的探索和实践中取得了显著进展，逐步形成了从技术研发到产业应用的完整体系。然而，与发达国家相比，我国智慧农业的发展仍存在一定差距，尤其在技术创新能力、区域发展均衡性和产业链整合等方面仍需进一步提升。为全面了解我国智慧农业的发展水平及其对农业产业升级的推动作用，有必要从国内外智慧农业发展水平的对比、区域发展差异性以及产业升级路径等多个维度进行系统分析。

　　近年来，国内关于智慧农业发展水平的研究逐渐增多，重点聚焦于技术应用、政策支持和产业化路径等方面。研究表明，我国智慧农业在粮食主产区、经济作物种植区和设施农业领域取得了显著成效，部分地区已形成了具有示范意义的智慧农业模式。然而，由于地理条件、经济发展水平和技术普及程度的差异，我国智慧农业在不同区域的发展水平存在显著差异，东部沿海地区的智慧农业发展水平明显高于中西部地区。此外，智慧农业在促进农业产业升级方面的作用也逐渐显现，通过技术赋能和产业链延伸，推动了农业生产的规模化、标准化和品牌化发展。与此同时，国外智慧农业的发展经验为我国提供了重要的借鉴。发达国家在智慧农业技术研发、商业化应用和政策支持方面具有显著优势，尤其是在精准农业、无人化农场和农业大数据平台建设等领域处于全球领先地位。通过对国内外智慧农业发展水平的对比研究，可以更清晰地认识我国智慧农业的优势与不足，为未来的发展方向提供科学依据。

　　本章将从国内智慧农业发展水平的研究现状入手，结合国外智慧农业的先进经验，分析我国智慧农业在地理分布和区域差异性方面的特点，探讨智慧农业对农业产业升级的促进作用，并总结当前农业产业升级的总体概况。通过系统分析，我国智慧农业的发展路径和产业升级方向将更加清晰，为推动农业现代化和高质量发展提供理论支持和实践参考。

3.1 国内智慧农业发展水平相关研究

许多学者认为智慧农业发展是当今社会农业的一大进步，智慧农业的发展对物联网、互联网、农业产业结构、农业经营方式、农业技术水平、农业现代化普及等多方面都有一定的影响，是未来农业发展的必然趋势。赵春江指出我国目前高度重视智慧农业的发展，国家提出一系列支持其发展的政策，而且农村的信息化和经营化也为其发展创造了条件，在智慧农业技术创新方面，我国取得了明显的进步，在世界上可以与智慧农业发展较好较早的国家相接近，在智慧农业技术的普及方面，我国已在全国范围内应用。曹冰雪等人也指出智慧农业作为信息技术与农业深度融合的新兴领域，关乎现代农业的未来发展。但目前关于智慧农业的研究尚处于起步阶段，需要对其整体发展情况进行科学分析与精准把脉。前人在系统研究后指出智慧农业具有提高农业生产效率、降低劳动负担等优点，是未来农业发展的一个重要趋势。而且 Zhu 经过调查发现，智慧农业是从传统农业到现代化农业转型的核心，是与互联网、物联网、大数据、云计算、无线通信等高科技相结合发展起来的新兴产业，可以使农业发展数字化、智能化。学者们对影响智慧农业的因素也进行了分析，其中，周吟在了解物联网技术智慧农业领域的应用后指出，将物联网技术应用于智慧农业，加速了传统农业向现代农业的转型。网络技术在农业领域的应用，对农业的发展起到了积极的推动作用，同时物联网和智慧农业具有互相推动的作用。Sistler 等人在 20 世纪，就已经提出在未来农业的发展进程中，智能机器将是发展智慧农业的一个重要方面，而机械智能化水平将是一个国家智慧农业发展的重要标志。Adli 等人通过分析监测智慧农业发展的一系列设备以及物联网技术在冶金行业技术发展中的重要作用，以及对设备的数据和理论分析，指出物联网和数据分析对智慧农业发展的重要性。

图 3-1 是对智慧农业发展水平对比数据的详细分析，包括各国在技术应用、政策支持和市场规模等方面的评分。美国和日本在技术应用方面得分最高，反映了他们在精准农业、物联网、无人机和数据分析等技术的广泛应用。印度和巴西的技术应用评分较低，主要由于基础设施和技术普及程度的限制。日本和以色列在政策支持方面得分较高，表明政府在推动智慧农业方面采取了积极的政策措施。印度和巴西的政策支持评分较低，可能是由于缺乏系统性的政策框架和资金支持。美国和以色列在市场规模方面得分最高，反映了他们在智慧农业技术市场的成熟度和投资吸引力。印度和巴西的市场规模评分较低，主要由于市场发展尚处于初级阶段，投资和技术应用相对有限。整体来看，以

色列和美国在综合评分中名列前茅，表明它们在智慧农业的各个方面都表现出色。印度和巴西的综合评分较低，反映了在技术应用、政策支持和市场规模等方面的不足。

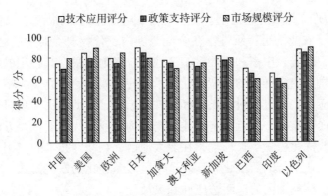

图 3-1　国内外智慧农业发展水平对比

数据来源：联合国粮食及农业组织。

当智慧农业得到大力推广之后，越来越多的学者开始思考，在智慧农业发展的过程中可能会遇到的障碍，并提出相应的对策。只有从问题出发，才能让智慧农业更好地发挥其作用。国内一批学者在研究中指出我国智慧农业存在农业机械化水平较低、农村基础设施薄弱、智慧农业技术有效供给不足等问题。因此我国在智慧农业发展还有很大的空间值得去探索；由于我国农业信息化基础较为薄弱，当前智慧农业发展仍处于初级阶段，在专业人才储备、信息安全和农业生产组织模式等方面仍存在诸多问题；更有客观的观点对我国智慧农业的发展状况进行分析，通过对美国智慧农业、日本智慧农业和法国智慧农业的规模化机械化智慧农业等成熟案例的比较，提出我国智慧农业发展中存在的问题和对策，以期推动我国智慧农业的快速、可持续发展。赵春江等人在分析当前我国面对的智慧农业发展状况之后，还详细分析了面向 2035 年智慧农业发展的战略构想、重点任务、发展路径，一致认为要通过培养社会共识，突破关键技术，做好规划引导，来推动我国智慧农业的发展。并在对美国智慧农业发展经验进行分析的基础上，结合我国的具体情况，提出了如何强化我国智慧农业发展的思路，并指出智慧农业是农业现代化发展的先进阶段，也是国际上对农业改革的一致意见。温希波也在分析我国智慧农业发展的现状及其所面临的困境后给出建议，认为智慧农业今后的发展应该从加快农村地区信息化建设、加快技术人才培养等方面进行。宋伟和吴限认为可以把大数据技术运用到农业生产中去，借鉴国际上智慧农业发展的先进经验，建立农村高素质的人才培养体系和全国智慧农业数据交流平台等，来努力提高农业的现代化程度。

3.2　国外智慧农业发展水平相关研究

　　国外智慧农业正处于快速发展的阶段，技术创新与市场合作不断推动行业的前进。随着物联网、区块链等新兴技术的广泛应用，智慧农业为农业生产和管理带来了前所未有的机遇。这些技术的引入，不仅提高了农业生产的效率，还增强了农业的可持续性。在全球范围内，智慧农业的发展涵盖了北美、欧洲、亚太、南美、中东和非洲等多个地区。各地区根据其特定的农业需求和环境条件，发展出多样化的智慧农业技术和应用模式。在北美，精准农业技术得到了广泛应用，通过高科技设备和软件的结合，帮助农民实现对作物生长的精确管理；而在欧洲，智能温室的建设则成为农业现代化的重要方向，利用先进的控制系统优化植物生长环境；在亚太地区，物联网技术的应用正在快速推广，促进了农业生产的数字化转型。这些区域差异化的发展模式，充分体现了智慧农业在全球范围内的广泛适应性和灵活性。

　　从市场细分的角度来看，国外智慧农业市场可以从类型、产品、应用和地区等多个维度进行分析。其中，类型方面包括精准农业、畜牧监测和智能温室等，产品则涵盖硬件和软件两大类。硬件产品如环境控制系统的自动化和灌溉水肥一体化系统、感测设备、HVAC 系统、LED 生长灯、RFID 标签和阅读器等，都是实现智慧农业的重要基础设施；而软件产品则包括基于网络和基于云的解决方案，帮助用户更好地管理和分析农业数据。根据现有研究，国外对智慧农业的研究主要集中在现代科学技术、信息化和管理组织等方面，而国内学者的研究则更多聚焦于物联网技术标准、智慧农业应用、基础设施建设、人才培养、农业推广以及科研投入等领域。这样的研究差异，反映了不同国家在农业现代化进程中的不同侧重点和发展阶段。在我国，农业产业升级的研究重点包括提高农业生产效率、提升农民文化素质、加强农业人才培养以及推动农业科技创新。根据 Grand View Research 的报告，预计到 2024 年，全球智慧农业市场规模将达到 253.6 亿美元，并有望在 2030 年增长至 547.1 亿美元，年复合增长率（CAGR）为 13.7%。这一增长趋势反映了智慧农业领域的巨大潜力和市场需求。随着国外智慧农业领域不断涌现新的技术创新和合作案例，BouMatic 于 2021 年 10 月宣布收购智慧农业 C Group，旨在利用自动化和传统挤奶系统的优势。同年 5 月，AGCO 与 Raven Industries Inc.、BASF Digital 和 Robert Bosch GmbH 展开合作，致力于评估喷洒技术，以减少作物投入成本并解决环境可持续性问题。这些合作案例体现了智慧农业在技术融合和资源优化方面的积极进展。

　　国外学者对智慧农业的研究始于 20 世纪 80 年代，其发展始终以科技进步为基础，研究重点在于如何将新兴科技引入农业生产。专业技术人员对信息化技术手段在农业管理和生产中的应用研究主要集中在天气因素和物联网两大领域。Barton 通过对新西兰农民的多次访谈发现，互联网的引入显著提升了农民的经济效率和时间效率。此外，Sohoo 的研究表明，农业信息在农业生产和销售的全过程中起着关键作用，对农业领域的革命性发展具有重要推动作用。Keerthan 进一步指出，智慧农业产业是传统农业向新兴农业转型的重要经济增长点，对农业的虚拟化、智能化和数字化发展产生了深远影响。Pour Mohammad 等的研究则强调，利用农业信息指导生产实践能够有效降低农业损失，并推动农业电子商务的蓬勃发展。Jamaluddin 通过对印度农民的电子商务实证分析发现，农民接受电子商务培训后，能够更好地参与农业生产，实现经营效益的稳步提升。Çalıkoğlu 的研究表明，农业新技术的应用与农民的耕地面积和家庭收入呈正相关，同时，新技术的运用还能帮助农民在现有土地资源基础上实现增产。在气候变化日益严峻的背景下，Nciizah A. D. 的研究聚焦于大气物理特征的长期平均状态对农作物生产活动的影响，并通过分析气候平均状态随时间的变化，有效解决了生产中的部分问题。Uélison Jean L. 提出了一种自主开发农业知识云系统的有效措施，通过优化原有产品并结合新技术、新材料和新工艺，开发出农业知识云体系。该系统不仅能为用户提供作物生长状态信息，还能定期记录作物数据，使得用户无须具备广泛的植物生长知识即可轻松种植作物。Paul B. K. 以赞比亚为研究案例，结合计算技术和通信技术，引入专家经验，实现农业可视化远程诊断的智能管理，以减少自然因素对农业产值的波动影响。此外，他还对玉米收获率的影响进行了细致研究。Mwungu C. M. 等通过分析不同作物的生长习惯和管理模式，引入互联网技术实现赞比亚粮食增产，保障国家粮食供应。Paul 等的研究表明，气候智慧农业的发展能够减轻气候风险对农业环境的负面影响，保障粮食安全。Gereffi 则系统论述了智慧农业的概念、特点和架构，结合物联网技术，分析了基于物联网的智慧农业在国内外的研究现状与典型应用，证明了物联网技术在智慧农业领域的广阔发展前景。综上所述，国外智慧农业的发展以技术创新和市场合作为核心，通过物联网、区块链等技术的应用，为农业带来了新的机遇和挑战。全球范围内的智慧农业实践表明，不同地区根据自身需求和条件，发展出多样化的技术和应用模式，为农业的可持续发展和现代化转型提供了有力支持。这些研究和实践不仅推动了农业的现代化进程，也为全球粮食安全和生态环境保护提供了新的解决方案，展示了智慧农业在未来农业发展中的重要作用。

3.3　我国地理分布及区域智慧农业发展差异性相关研究

我国地域辽阔，东西部的农业生产方式和经济发展存在显著差异，因此智慧农业的发展状况在不同省份也表现出一定的差异性。学者们对各地区发展状况的解读各有侧重，尤其是在对智慧农业的研究和应用方面。以吉林省为例，国内学者运用新古典理论对其智慧农业发展水平进行了测度，并分析了智慧农业对农业总产值的影响。通过实证分析，研究发现吉林省在智慧农业发展中具有地域、气候和资源禀赋等优势，但同时也指出了在发展过程中亟须解决的问题，如基础设施建设不足、技术应用水平不高等。基于这些发现，研究者提出了智慧农业在其他地区发展的建议，强调应根据各地区的具体情况，制定适合的政策和措施，以促进智慧农业的全面发展。

东部地区作为中国经济发展最活跃的区域之一，在智慧农业领域的投入和发展都处于领先地位。发达的产业基础、成熟的供应链体系、丰富的资本资源以及高素质的人才储备，为其智慧农业的快速发展奠定了坚实的基础。以江苏省为例，该省已经建立了覆盖全行业的智慧农业平台，并积极推广应用人工智能、大数据等先进技术，实现精准种植、智能化管理和高效化生产。根据统计，江苏省2022年智慧农业产业规模超过5 000亿元人民币，增长率位居全国前列。此外，广东省、浙江省等东部省份也纷纷出台了相关政策，鼓励企业发展智慧农业，推动农业科技的进步和现代化转型升级。有研究通过选取山东省的面板数据，运用实证模型分析了各个地区智慧农业的发展状况，发现山东省各地区智慧农业生产效率差异较大，区域发展不均衡。研究还分析了影响各地区智慧农业发展效率的原因，认为不同地区的农业生产效率之间存在溢出或集聚效应，并最终给出了适合山东各个地区智慧农业发展的有效建议。

西部地区作为中国农业主产区，在智慧农业发展方面拥有广阔的机遇空间。尽管西部地区土地资源丰富，但基础设施相对薄弱，农业生产方式较为落后，仍然存在着较大的提升空间。以成都市为例，研究者熊梓杰对该地区的智慧农业进行了深入剖析，探讨了其在区域生态学、农业信息化、农业产业化、农业市场竞争和农业从业人员组织等方面存在的问题。基于这些分析，提出了从规划、政策、技术三个层面出发的建议，旨在为成都市智慧农业建设带来可操作性的思路与途径。耿鹏鹏等人则运用灰关联分析法对广西智慧农业发展状态的评价指标体系进行了研究，指出尽管广西的智慧农业增长速度有所减缓，但水平有了明显提升，并强调了农业科技创新水平与智慧农业发展之间的直接关系。广西的农业保险、电子商务企业比例、农业固定资产投资以及技术分享程度等因素，对智慧农业的发展状况具有明显的正向影响。因此，在"十三五"规划阶段，西部地区积极推动智慧农业建设，利用互联网、物联网等技术手段，提升农业生产效率和效益，促进农民收入增长。内蒙古自治区通过搭建智慧农业平台，开展精准农业服务，提高了农作物的产量和品质；四川省则重点发展绿色生态农业，运用智能化技术进行精准灌溉和病虫害防控，推动农业的可持续发展。

图 3-2 展示了中国智慧农业区域发展差异的评分情况，具体包括技术应用评分、政策支持评分和市场规模评分。在所有评分中，东部地区的技术应用评分和市场规模评分分别为 85 分和 90 分，显示出其在智慧农业技术应用和市场需求方面的领先地位。政策支持评分也相对较高，表明政府对智慧农业的重视。中部地区和北方地区的技术应用评分、政策支持评分和市场规模评分均比较接近，但略低，显示出市场发展潜力尚待挖掘。南方地区的技术应用评分和市场规模评分较高，均为 80 分，显示出良好的发展潜力，政策支持评分也表明政府在推动智慧农业方面的努力。相比之下，西部地区的评分普遍较低，技术应用评分和政策支持评分反映出基础设施和技术推广的不足，市场规模评分也显示出发展滞后，亟须加强政策支持和技术引进。

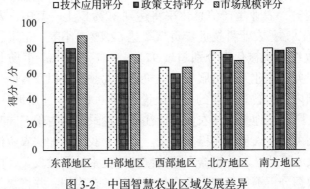

图 3-2　中国智慧农业区域发展差异

中部地区在智慧农业发展上呈现出积极追赶的态势。近年来，中部地区加大对农业现代化的投入力度，积极探索智慧农业新模式，并取得了一定的进展。河南省通过建设"三农信息化工程"，推广应用互联网、物联网等技术，实现农业生产的数字化和智能化管理，提升了农业生产效率和效益。有些机构还预测，未来西部地区将成为中国智慧农业市场增长最为迅速的区域之一。这一趋势不仅为西部地区的农业发展提供了新的动力，也为全国农业的现代化转型提供了宝贵的经验和借鉴。通过充分利用各地区的资源优势，结合现代科技手段，智慧农业将在全国范围内实现更为均衡和可持续的发展，推动中国农业的全面升级与转型。

3.4　我国智慧农业促进农业发展相关研究

近年来，国家出台了一系列政策，大力鼓励智慧农业行业的发展和创新。中央政府发布的多个一号文件中多次提及精准农业、智慧农业等关键词，充分体现了国家对智慧农业发展的重视程度。《数字乡村发展行动计划（2022—2025 年）》明确提出"智慧农业创新发展行动"，为加快推动智慧农业发展提供了强有力的政策支持。在地方层面，浙江、河北、江苏等省份也相继出台了数字乡村发展政策文件，积极贯彻落实中共中央、国务院的工作部署，推动智慧农业在地方落地实施。此外，中央财政还通过支持农业投资稳产保供、科技创新、设施农业、智慧农业等七大重点领域，为智慧农业的发展提供了资金支持和方向指引。这些政策从中央顶层设计到地方执行，引导各方参与、协同合作，共同促进智慧农业的快速发展。

中国政府高度重视智慧农业的发展，出台了多项政策支持智慧农业行业的创新与进步，如《数字乡村建设指南 2.0》等。我国智慧农业市场规模持续增长，2022 年已达到 868.63 亿元，预计 2024 年将突破 1 000 亿元。《全国智慧农业行动计划（2024—2028 年）》提出，到 2028 年底，智慧农业公共服务能力将大幅提升，农业生产信息化率将达到 32% 以上。其中，大田种植信息化率已超过 21.8%，农业科技进步贡献率达 62.4%，小麦、玉米、水稻三大粮食作物耕种收综合机械化率分别超过 97%、90% 和 85%。市场上主要产品包括数据平台服务、农业无人机服务、农机自动驾驶服务以及智能化农业种植和畜牧养殖。国内主营智慧农业的企业数量约 14 000 家，注册地分布较为分散，山东、江苏、广东三地是智慧农业企业注册数量最多的省份。同时，农业无人机的数量和相关从业人员也在稳步提升。当前，我国正加快农业传感器与专用芯片、农业核心算法、农业机器人等关键核心技术的研发攻关，推动人工智能大模型、大数据分析等技术在农业农村领域的融合应用，并将智慧农业技术装备纳入农技推广范围，加强智慧农业技术的指导和推广。

随着学者对智慧农业发展的深入研究，越来越多的研究发现，智慧农业通过改善传统农业结构、提高农业科技水平等方式，对农业产业升级产生了深远影响。熊航指出，我国在从传统农业向智慧农业转型的过程中，面临数据、技术、实施主体等多方面的挑战。王海宏等学者分析了"智慧农业"发展中存在的问题，提出了相应的解决方案，并论述了我国未来实现农业现代化和发展"智慧农业"的潜力与趋势。熊竞宏和任新平指出，智慧农业通过降低农业对自然资源的依赖程度，提高农产品生产效率和品质，已成为农业发展的必然趋势。人工智能与农业的有机结合，能够实现优质选种、土壤智能检测、实时监控作物生长以及智能耕作等功能，从而有效推动农业产业的升级。宋洪远认为，智慧农业的提出和发展为农业领域中的信息技术综合集成应用、农业产业转型升级、农业发展模式创新、核心技术自主研发以及专业技术人才培养提供了难得的机会。

刘丽伟和高中理提出，将互联网技术与农业生产相结合，通过智能化决策推动农业生产实现精准化、智能化发展，是推进我国农业产业升级的关键。智慧农业作为一种新型农业生产方式，能够从根本上解决我国农业现代化发展中的诸多制约因素，加快推进农业发展方式的转型。同时，通过对传统农业生产模式和服务方式的改进，智慧农业推动了我国农业全产业链的改造升级。魏晓蓓和王淼指出，随着"互联网+"与现代科技在农业产业链中的应用，"智慧农业"和"农村电商"成为农业全产业链升级的重要动力。樊启洲则认为，农业产业的转型需要完善的农业科技推广模式。智慧农业在促进农业产业升级的同时，也对农业各领域的发展做出了重要贡献。胡太平在研究智慧农业在农业产业领域、农业经营领域、农业服务领域的作用后指出，智慧农业的发展为农业发展节省了人力，降低了生产成本，初步形成了农产品产供销一体化的经营模式，提升了管理水平，并为农业生产者创造了更多的经济收益。此外，智慧农业还提升了农业产业的精细化、高效化和绿色化水平，对农业产业的升级发挥了巨大的促进作用。韩雪指出，智慧农业是一种智慧经济形式，它将现代信息技术与农业领域的信息相结合，以智能的生产领域、差异化的业务领域和服务领域为基础，提供全方位的信息服务，从而推动农业产业链的转型。何海霞强调，智慧农业是实现农业现代化发展的重要路径，其发展对我国农业发展方式的转型、传统农业生产模式及服务方式的改善、环境污染问题的解决以及农业可持续发展起到了积极的促进作用。综上所述，智慧农业不仅是农业现代化的核心驱动力，也是推动农业产业升级、实现农业高质量发展的重要途径。通过政策支持、技术创新和产业协同，智慧农业正在为我国农业的可持续发展注入新的活力。

3.5 农业产业升级概况

3.5.1 农业产业发展现状

（1）农业总产值

纵观我国农业产业于 2004—2023 年的发展历程（图 3-3），其总体规模呈逐年递增的趋势，且增长幅度也在不断增加。从总产值来看，农业产业总产值由 2004 年的 18 138.36 亿元增长到 2023 年的 87 073.38 亿元，增长了 3.8 倍，反映了我国农业生产的规模和水平都呈现稳定上升的趋势。从农业总产值的年增长率来看，平均年增速为 8.68%，呈波动下降变化，峰值出现在 2010 年为 19.76%，2011—2020 年增长率均呈下降趋势，尤其自 2011 年后，农业总产值的增长率迅速下降。可见，我国整体经济发展放缓，农业产业的增长也呈现放慢的趋势。在 2011 年之后，出现一次农业产业小幅度增长后又开始逐步下降。

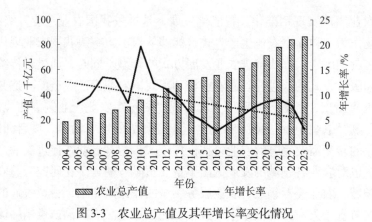

图 3-3　农业总产值及其年增长率变化情况

数据来源：国家统计局。

（2）三次产业结构

三次产业结构在一个国家的经济中是一项首要的问题。通过对我国三次产业结构现状的分析，以及对三次产业结构的国际比较，有助于我们清醒而客观地认识到三次产业结构的差异。如今，世界上农业的竞争已经从当初的以量取胜，转变为如今的农业产业链的节点竞争，产业结构中的占比更能体现出一国农业竞争力的高低。

图 3-4 可知，根据 2020 年我国三次产业的增加值来看，当前我国的产业结构已经是"三、二、一"格局。其中，第一产业增加值占比为 7.7%，第二产业增加值占比为 37.8%，第三产业增加值占比为 54.5%。我国第一产业的增加值虽然在逐年下降，但与美国相比，仍占很高的比重，美国第一产业在 GDP 中所占的比重还不到 1%，2016—2021 年，该比重一直低于 1%。美国的第二产业在其国内生产总值中所占比例 18% 左右，不足 20%。2017—2021 年，第二产业所占的比例一直维持在 18% 左右，这是一个长期的趋势，其中制造业增加值仅为美国国内生产总值的 11%。因此，美国国内生产总值大部分都是依赖于第三产业，有超过 80% 的都是服务业。尽管我国的农业增加值很大，占比也很大，但因我国人口众多，因此我国人均粮食总量仍然相对较少。且我国属于人口大国，虽然农村人口占全国人口的比重从 1949 年的 89.36% 下降到了 2021 年的 36.11%，但第一产业所创造的价值均量却很小。虽然美国在第一产业中所占的比重一直在下滑，现在已经不足 1%，但是它仍然是世界上最大的农业国之一，它的土地面积只有 13%，农民只有 2%，但是它的粮食产量却占全世界的 16.5%，美国的农业实力之所以这么强，主要是因为美国政府一直以来都大力支持农业技术。在美国有着一个巨大的农业科研系

统，这让美国的农产品单位产量远超其他国家，甚至超过了世界的平均值。它以其技术领先、产量高等特点，维持了其在农业上的绝对优势。

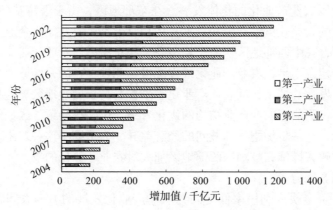

图 3-4　2004—2023 年三次产业增加值

数据来源：国家统计局。

3.5.2　农业产业升级过程中所面临的问题

农业产业化是一种新型的经营模式，旨在推动我国传统农业向现代农业转型。随着全球经济一体化和科技进步的加速，农业产业化的出现和发展不仅有利于优化农村资源组合，促进农业产业结构的调整，还能推动农业向市场化、社会化、现代化的方向转变。农业产业化不仅是实现农村经济发展的重要途径，也是建立农村社会主义市场经济的有效手段，能够有效解决生产效率低、劳动力过剩和生产规模小等问题。通过整合农业生产要素，提升农业生产的组织化程度，农业产业化为农民提供了更为广阔的发展空间，使其能够在市场竞争中占据一席之地。然而，尽管我国农业产业化已取得显著进展，但在实际发展过程中仍存在一些亟待解决的问题，这些问题的存在不仅制约了农业产业化的进一步发展，也影响了农村经济的整体提升。农业产业化面临的主要问题及其影响程度见表 3-1。

表 3-1　农业产业化面临的主要问题及其影响程度

问 题	描 述	影响程度
区域发展不平衡	东部地区农业产业化水平高，中西部地区相对滞后	显著
资金投入利用率低	资金实际利用效率低，科研与生产脱节	中等
非农业就业转移空间有限	农村劳动力流失，第二产业吸纳能力不足	显著
农产品质量不过关	小规模生产导致质量安全隐患	中等

首先，区域发展不平衡是我国农业产业化面临的显著问题之一。东部地区的农业产业化发展水平较高，而中西部地区则相对滞后，这种不均衡现象直接影响了全国农业产业化的整体发展。在东部地区，由于经济基础较为雄厚，农业产业化的相关政策、资金和技术支持相对丰富，农业龙头企业数量的迅速增加。然而，在中西部地区，由于经济发展相对滞后，农业产业化的基础设施和市场环境建设不足，农业产业化进程缓慢。此外，在同一区域内，省会城市或经济较为发达的城市，其农业产业化水平普遍高于周边地区。这种区域间的发展差距不仅影响了农业产业结构的优化升级，也间接导致了区域经济发展水平的不均衡，进一步加剧了区域间的经济差异。为了缩小这一差距，必须采取有针对性的政策措施，鼓励中西部地区加大对农业产业化的投入，提升其发展能力和市场竞争力。

其次，资金投入利用率低是制约农业产业化发展的另一大问题。尽管国家和地方政府对农业产业化的资金投入逐年增加，但资金的实际利用效率却未能得到有效提升。这一问题导致农业科学研究和农业产业发展之间出现断层，农民难以获得规模经济效益，农业产业结构升级面临重重困难。具体表现在以下 3 个方面：一是农民对专业知识的了解较少，虽然掌握了一定的技术经验，但缺乏核心竞争力。缺乏专业知识使得农民在面对市场变化和技术革新时，难以做出及时的调整和应对。二是研发人员的研究成果往往不能有效结合现实需求，导致科研成果在实际生产中的应用需要经过长时间的尝试和探索。这种脱节不仅浪费了科研资源，也降低了农业科技创新的效率。三是农民的科学文化素质普遍较低，且大部分农民仍处于分散的小规模经营状态，这些因素使得农民难以实现规模经济效益，进一步阻碍了农业产业结构的升级。因此，提高农民的科学文化素质，加强对农业技术的培训和推广，将有助于提升农业产业化的整体水平。此外，非农业就业的转移空间有限也是制约农业产业化发展的重要因素。农村人口众多，且劳动力价格自 2010 年以来呈现上升趋势，第二产业吸纳劳动力的增长率却逐渐下降。农村人口相对较多，人均种植面积较小，导致土地生产率较低，从而影响了农业产业升级的进程。随着农村劳动力的不断流失，农业生产面临着劳动力短缺的问题，这不仅影响了农业的生产效率，也制约了农业产业化的进一步发展。城镇面积有限，难以承受大量农村人口的涌入，导致了农村劳动力的转移空间受到限制。因此，必须通过政策引导和市场机制，促进农村劳动力的合理流动，鼓励农民在非农产业中寻找更多的就业机会，从而实现农村经济的多元化发展。

最后，农产品质量不过关也是农业产业化过程中亟待解决的问题。小规模生产模式导致农产品缺乏提质增效的内在动力。化肥、农药的过度使用不仅对人体健康造成危害，还影响了农产品的质量安全。尽管政府建立了监管体系，但由于监督成本高，实际效果并不显著。这种质量不过关的问题不仅影响了农产品的市场竞争力，也制约了农业产业化的可持续发展。为了解决这一问题，必须加强对农产品质量的监管，建立健全质量追溯体系，确保农产品的安全性和可靠性。同时，鼓励农民采用绿色生产方式，减少化肥和农药的使用，提高农产品的附加值和市场竞争力。

我国农业产业化在推动农业现代化进程中发挥了重要作用，但仍面临区域发展不平衡、资金投入利用率低、非农业就业转移空间有限以及农产品质量不过关等问题。解决这些问题需要政府、企业和农民的共同努力，通过优化资源配置、加大科研投入、提升农民素质以及完善监管体系等措施，推动农业产业化向更高水平发展，为实现农业现代化和乡村振兴奠定坚实基础。只有通过多方协作，形成合力，才能有效应对农业产业化过程中面临的挑战，实现农业的可持续发展，促进农村经济的全面提升。

3.6 小结

本章总结归纳了我国智慧农业发展水平及产业升级的相关研究成果，从国内外发展水平、区域差异性、促进农业发展以及产业升级等多个维度进行了深入分析。首先，通过对国内智慧农业发展水平的研究，梳理了我国在智慧农业技术应用、政策支持和市场推广等方面的现状，展示了我国智慧农业在精准种植、智能养殖和农产品加工等领域的显著进展。其次，通过对国外智慧农业发展水平的研究，对比了发达国家在智慧农业技术研发、产业链整合和政策支持方面的先进经验，为我国智慧农业的发展提供了有益借鉴。重点分析了我国地理分布及区域智慧农业发展的差异性，指出东部沿海地区由于经济发达、技术基础雄厚，智慧农业发展水平较高；而中西部地区由于资源禀赋和经济发展水平的限制，智慧农业的推广和应用相对滞后。针对这种区域差异性，本章提出了因地制宜的发展策略，强调通过政策支持和资源倾斜，推动中西部地区智慧农业的快速发展。此外，本章还探讨了智慧农业在促进农业发展中的作用，指出智慧农业通过提高生产效率、优化资源配置和降低运营成本，为农业现代化提供了重要支撑。在农业产业升级方面，本章分析了我国农业产业的发展现状，指出传统农业模式在资源利用、环境保护和市场竞争力等方面面临诸多挑战。同时，本章总结了农业产业升级过程中所面临的问题，如技术推广难度大、资金投入不足和人才短缺等，并提出了相应的解决方案。

4 山东省智慧农业发展概况及问题分析

近年来，随着国家对农业现代化和乡村振兴战略的高度重视，山东省积极响应政策号召，出台了一系列支持智慧农业发展的政策和规划，推动智慧农业技术的研发、推广和应用。依托其丰富的农业资源、完善的产业链和较强的科技创新能力，山东省在粮食生产、果蔬种植、畜牧养殖、水产养殖等领域形成了多样化的智慧农业发展模式，涌现出一批具有示范意义的典型案例，如寿光的智慧温室、胶东半岛的果蔬产业智慧化管理和鲁西北的精准农业技术应用。这些实践不仅提升了农业生产效率和资源利用率，还为全国智慧农业的发展提供了宝贵经验。然而，在快速发展的同时，山东省智慧农业也面临着一些亟待解决的问题。尽管政策支持力度较大，但智慧农业技术的普及率和应用深度仍存在不足，尤其是在中小型农户和经济欠发达地区，智慧农业的推广面临技术门槛高、成本投入大等挑战。此外，区域发展不平衡、产业链整合不足、技术研发与实际需求脱节等问题也制约了智慧农业的进一步发展。与此同时，农业从业者的技术水平和接受能力参差不齐，导致智慧农业技术在实际应用中难以充分发挥效益。

本章将从政策出台及实施情况入手，梳理山东省智慧农业发展的政策背景和支持措施，结合典型案例分析智慧农业在不同领域的应用成效与特点，并通过数据分析全面展现山东省智慧农业的发展现状。在此基础上，深入探讨智慧农业发展中存在的问题及其影响因素，提出针对性的对策建议和未来发展方向，为山东省智慧农业的高质量发展提供理论支持和实践参考。

4.1 政策出台及情况梳理

山东省在初期对智慧农业进行了不断摸索，在省内推出了许多能够对智慧农业带来发展的新型农业技术产品，同时也提出了在科技农业发展当中，智慧农业发展作为优先发展方向，也提出许多发展智慧农业的构想。通过一系列的手段，推广科技研发出的智慧农业新技术、新方法，不仅能够加快技术人才培养，提高科研创新水平，在推动智慧农业发展中也起到了十分重要的作用。目前，智慧农业在山东省主要处于示范与展示阶段。山东省智慧农业政策出台时间轴见图 4-1。

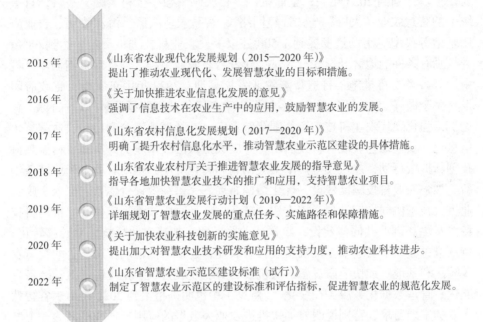

2015 年　《山东省农业现代化发展规划（2015—2020 年）》
提出了推动农业现代化、发展智慧农业的目标和措施。

2016 年　《关于加快推进农业信息化发展的意见》
强调了信息技术在农业生产中的应用，鼓励智慧农业的发展。

2017 年　《山东省农村信息化发展规划（2017—2020 年）》
明确了提升农村信息化水平，推动智慧农业示范区建设的具体措施。

2018 年　《山东省农业农村厅关于推进智慧农业发展的指导意见》
指导各地加快智慧农业技术的推广和应用，支持智慧农业项目。

2019 年　《山东省智慧农业发展行动计划（2019—2022 年）》
详细规划了智慧农业发展的重点任务、实施路径和保障措施。

2020 年　《关于加快农业科技创新的实施意见》
提出加大对智慧农业技术研发和应用的支持力度，推动农业科技进步。

2022 年　《山东省智慧农业示范区建设标准（试行）》
制定了智慧农业示范区的建设标准和评估指标，促进智慧农业的规范化发展。

图 4-1　山东省智慧农业政策出台时间轴

　　总体来看，山东省智慧农业的发展主要分为 3 个阶段：第一阶段是提出概念阶段，第二阶段是研发和示范阶段，第三阶段是推广应用阶段。在第一阶段提出的概念中，这个阶段的主要工作就是积极探索，因为智慧农业在此时是一个全新的概念，如何界定，如何发展，对于科研人员、相关企业、农业人员都是不断摸索、不断尝试的阶段。在第二阶段研发和示范中，由于此时智慧农业的概念已基本界定，通过对智慧农业概念的不断理解，对其精确性、高效率、可追溯等特点的认识，政府持续给予资金支持，科研人员研发了各种设备进行实际应用，并将现代化信息技术应用到农业生产中，在投入的过程中积极设立示范点，不断推动智慧农业的发展。在第三阶段推广应用中，通过不断应用，不断革新，当智慧农业的各项技术、管理模式等趋于稳定，整个产业链的发展达到成熟以后，就可以在全社会范围内进行大面积推广。这就表明智慧农业的发展基本成熟，各项技术趋于稳定，能够发挥出智慧农业自身优势，能够摆脱传统农业中存在的问题，能够带来农业生产模式的革新，促进农业发展。

为促进智慧农业能够大面积推广应用，山东省也持续出台相关政策，不断推动智慧农业的推广发展。2018 年山东省人民政府办公厅发布《关于加快全省智慧农业发展的意见》，明确了智慧农业发展的总体要求、基本原则和主要任务。计划到 2025 年底，全面推广"鲁农码 + 数字乡村大脑"平台，打造统一的智慧农业"大脑"与"神经网络"，智慧农业园区、海洋牧场、农业应用基地等典型应用场景发展到 1 500 处以上，农业科技进步贡献率达到 68%。并鼓励有条件的地区开展先行先试，建设智慧农业引领区，推动机制创新，集中用好各类支持措施，打造智慧农业发展高地。2022 年山东省委、省政府印发《关于做好 2022 年全面推进乡村振兴重点工作的实施意见》（以下简称《意见》），强化现代农业科技支撑。围绕粮食安全、盐碱地综合利用、农业智慧化信息化、农业绿色发展等科技需求，开展关键核心技术攻关。实施乡村振兴科技创新提振行动，加快关键技术集成创新和转化应用，推动农业全产业链条创新。加强农业科技园区建设，优化结构布局、完善绩效评价体系。深入实施农业重大技术协同推广计划，探索建立链条式新型协同技术推广模式。推动科技特派员创新创业共同体建设，组建产业服务团，加速农业科技成果转移转化。持续推进数字乡村建设。加快发展智慧农业，建设一批带动作用显著的智慧农业园区和基地。加快灌溉设备、农机设备等农业装备数字化改造，推动装备智能化、管理数据化、服务在线化。《意见》中也明确指出到 2022 年山东省智慧农业的发展要求，特别说明要加快推进农业大数据的应用，选择济南等 3 个城市建立智慧型的农业示范区，大力推广智慧化技术手段，发展特色智慧农业，加快推动电子商务与快递服务的应用；建立以潍坊、临沂、济宁、德州为重点的区域现代农业智能物流基地，建立百家农产品智慧批发市场。建立 400 个智慧农业示范基地，要发展的内容包括海产品、粮食农作物、林木业产品、畜牧业产品等，要建立约 7 万个惠农、益农、助农的特色信息社，实现信息进村入户，让村民足不出村就能享受到公益服务、便民服务、培训体验服务等。在实际的示范与展示开展中，对山东省智慧农业进行了不断探索。2011 年，淄博市桓台县就已经开始对智慧农业进行探索发展，并取得了一定的农业效果。2015 年，山东省设立黄河三角洲农业高新技术产业示范区，这是我国第二个国家级农业高新区。2020 年，山东省构建了"1+10+N"（一个数据中心，十大业务模块，N 个智慧应用）的智慧农业云平台，使数据、业务、技术能够互联互通，形成全省农业信息化服务体系，同时当年山东省主要农作物耕种收综合机械化率达到 88.5%。如今，潍坊市正在建设 3 个省级、20 个市级、12 个县级齐鲁样板示范片区，片区能够带动 609 个村庄、780 多平方公里区域一体化建设发展。

山东省智慧农业政策支持力度的变化情况，涵盖了 2018—2022 年的 4 个关键指标：年度资金投入、技术推广项目数量、相关政策文件数量和培训数量（图 4-2）。2018—2022 年，年度资金投入增长了 75%，而技术推广项目数量、相关政策文件数量和培训班数量分别增长了 66.67%、57.14% 和 66.67%。整体来看，4 个指标均呈现逐年上升的趋势，表明山东省在智慧农业政策支持方面的力度不断加大。特别是年度资金投入的显著增长，显示出政府对智慧农业发展的强烈支持和投入意愿。技术推广和培训数量的增加，反映了智慧农业技术的普及和应用的深入，促进了农业现代化的进程。

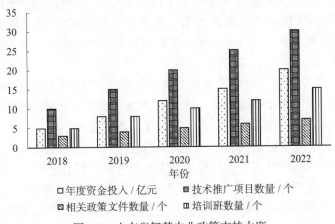

图 4-2　山东省智慧农业政策支持力度

4.2　典型案例

农业农村部信息中心发布了 2024 年全国智慧农业建设典型案例，其中潍坊市峡山区的《山东省潍坊市丰年年数字种植管理解决方案》成功入选，成为山东省 5 个入选案例之一。丰年年数字农业种植园位于峡山区，占地 180 亩[①]，主要种植基质蓝莓、玲珑番茄和淫羊藿等作物。整个园区实现了科学管理和节水灌溉，效益显著高于传统种植方式。近年来，峡山区大力发展蓝莓产业，高标准建设蓝莓产业示范园，采用"全基质水肥协同高效蓝莓设施栽培"的生产模式。丰年数字农业种植园开创的蓝莓全生命周期生长模型被评为潍坊市数字农业十大典型应用场景。该园区借助农业种植云数据中心，依托全行业首创的"7+7"数字种植管理模型，通过系统管理种植和算法决策农事，不断完善蓝莓生长模型，实现蓝莓生长管理的智能化突破。在这里，智能温控、组培繁育、精准施肥等先进技术已成为现实，工厂化种植不仅节省了人力成本，而且提高了农产品的品质，拓宽了销路。

---

① 1 亩 =1/15 公顷。

位于济南市济阳区的安信种苗智能温室育苗也被列入此次典型案例。安信种苗打破传统思维，积极向现代农业转型，致力于打造智能化、自动化、精细化、资源节约和环境友好的智慧农业，以智慧赋能种苗产业，助力乡村振兴，推动农业现代化高质量发展。在智能农机方面，安信种苗先后研发推出了蔬菜智能精量播种机、种苗智能病害防治系统、种苗智能嫁接机、巡检机器人等 20 多种专用设备，大幅减轻劳动强度，显著提高生产效率和产品质量。同时，安信种苗创新性地将人工智能、数字模型、云计算和农业物联网等高新技术结合应用，建设了世界领先的"数字种苗工厂"，积极打造"中国蔬菜种苗之都"。目前，安信种苗育苗基地已有各类温室 30 多个，日常培育的种苗包括黄瓜、西瓜和番茄等十余个品种，高峰时可培育 2 000 多万株种苗，有效满足济南及周边地市的用苗需求。

在 2023 年全国智慧农业建设典型案例中，"山东省夏津县东李镇联合社智慧化高产示范粮田"案例也成功入选。东李镇与山东农业大学合作，运用大数据、云计算和人工智能等先进技术，建设了 1 000 亩数字化"吨半粮"生产能力试验基地，装配了微型气象站、土壤墒情监测仪、虫情测报仪等农田数据采集设备，以及自动喷灌系统。依托山东农业大学的"神农云服"平台，在东李镇的数字化植保大厅装配了智能化操控平台，实现了数据采集、存储、管理、分析挖掘和综合展示于一体的农田信息化管理，提升了生产的精准化和数字化水平，推动了当地农业农村产业的快速发展。

2022 年，山东仁科测控技术有限公司研发推出的"智慧农业一体化监控系统"项目荣获了山东电子学会科学技术奖和科技进步奖。该系统由土壤墒情监测、智能虫情监测、智能孢子监测、气象监测、无线灌溉及农业四情测报平台组成。通过土壤检测仪动态监测土壤水分，了解土壤墒情；利用光学技术捕捉并除掉害虫，对其进行智能 AI 识别，提取虫情数据并制定防护措施；系统还监测农田中的有害孢子，对数据进行统计和分析，缩短有害孢子的预测预报周期。底层传感器可监控土壤的温度、湿度和光照强度，根据农作物的生长情况，通过农业四情测报平台设置参数阈值，实现智能灌溉。

2022 年，山东寿光举办了智慧农业装备博览会，这是山东省农业机械行业权威性和影响力巨大的盛会。博览会设置了 6 万平方米的智慧农业装备展区及机械展区，涵盖了智慧农业信息技术、智能灌溉设备与水肥一体化、无人机设备、机器人、耕整地机械、田间管理机械和植保机械等展区。博览会采用了"产品演示＋线上互动"的模式，线上举办了 2022 年中国蔬菜生产机械化发展论坛和农业机械化赋能乡村振兴研讨会，实现了"云逛会"，全方位展示了90 多种智慧农业领域的新技术、新手段和新设备，推动了数字农业新模式的发展。近年来，寿光积极融入潍坊国家农综区建设，建成了丹河设施蔬菜标准化生产示范园、现代农业高新技术试验示范基地等一系列智慧农业园区。寿光市主要农作物的机械化水平超过99%，新建大棚物联网应用率超过80%，成功创建全省"两全两高"农业机械化示范县和"全国主要粮食作物全程机械化示范县"，智慧农业的发展成效显著。

2020年，潍坊市智慧农业气象服务平台项目荣获了山东省新型智慧城市优秀案例。该服务平台是潍坊市气象局围绕乡村振兴战略打造的现代农业气象服务科技平台。服务平台整合了物联网、云计算和大数据等新技术，涵盖了农作物远程定位、气象数据观测、实时监控和自动生物量测量等系列内容，最终推送智慧化产品的全过程。该平台能够实现气象信息和服务资讯的自动提取和实时推送，提高了天气预报的提前防范作用，推动了气象预警在智慧农业中的应用，对农业采取天气防范措施，促进了农业的气象智慧化发展。山东省智慧农业建设典型案例汇总见表4-1。

表 4-1　山东省智慧农业建设典型案例汇总

案例名称	地　　点	主要技术与特点
丰年年数字种植管理解决方案	潍坊市峡山区	数字种植管理模型、智能温控、精准施肥
安信种苗智能温室育苗	济南市济阳区	智能化、自动化育苗设备、人工智能、云计算
东李镇联合社智慧化高产示范粮田	德州市夏津县	大数据、云计算、智能化操控平台
智慧农业一体化监控系统	山东仁科测控技术有限公司	土壤监测、虫情监测、气象监测、智能灌溉
智慧农业装备博览会	潍坊市寿光市	展示智慧农业信息技术、智能灌溉设备、无人机等
潍坊市智慧农业气象服务平台	潍坊市	物联网、云计算、大数据、气象数据观测与监控

4.3　发展现状及数据分析

智慧农业是农业大数据和互联网技术在农业领域的应用，是将智慧手段融入传统农业的一种现代农业发展创新模式。通过有效整合互联网平台、云计算能力和通信技术等数字信息化技术，智慧农业不断实施科学管理、智慧化生产、数字化统计和无人化管控，最终形成一种全新的农业生产管理体系。这一体系实现了智慧检测、数字决策、精准控制和无人化操作。

为了更好地分析山东省智慧农业发展中存在的问题，我们通过问卷调查的方式，对山东省内的烟台、威海、淄博、潍坊、菏泽、德州、济宁等地的部分种植大县进行了调查（表 4-2）。本次问卷调查从 2024 年 5 月开始，至 2024 年 11 月结束。调查手段包括现场发放和在线填写等方式，共计发出调查问卷 400 份，收回问卷 368 份，回收率达到 92%。有效问卷为 345 份，有效率为 93.75%，符合问卷调查的科学标准。根据整理后的调查问卷结果显示，如图 4-3 所示，调查人员中男性占 47.37%，女性占 52.63%；年龄占比由高到低依次为：40 岁以下占 37.18%，41～50 岁占 28.56%，51～60 岁占 27.32%，61 岁以上占 6.94%。

表 4-2　山东省内调研地市级

地　区	调研地级市
胶东地区	烟台市、威海市
中部地区	淄博市、潍坊市
西部地区	德州市、菏泽市、济宁市

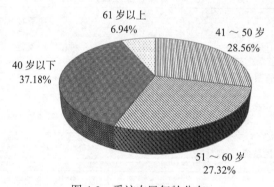

图 4-3　受访农民年龄分布

4.3.1　智慧农业的了解程度

智慧农业发展靠的是将智慧农业推广给农业劳动者，智慧农业的技术手段高低是智慧农业进步、发展的基础，是否能真正产生成果，体现智慧农业的成效要看智慧农业普及情况，农业劳动者能不能了解、掌握智慧农业的技术、方式方法是智慧农业普及的关键因素。

根据调查问卷情况，"您听说过智慧农业吗"这一问题中，如图 4-4 所示，"只是听说过智慧农业"的农户占比 40.17%，"比较清楚智慧农业"的农户占比 34.47%，"不知道智慧农业"的农户占比 13.24%，"很清楚智慧农业"的农户占比 12.12%。只是停留在只是听说过智慧农业和完全不知道智慧农业的农户一共占比 53.41%，说明过半数的农户对智慧农业几乎不清楚，因此也可以证实山东省有关智慧农业的普及程度不高，农户对智慧农业的概念模糊不清或认识不到位，对智慧农业的技术手段不掌握，这些情况都是阻碍了山东省智慧农业的发展以及农业智慧化水平提高，满足不了智慧农业在实际生产中的需要。

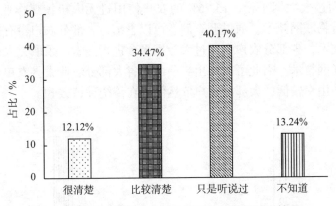

图 4-4　农户对智慧农业行业的了解程度的调查情况

4.3.2　生产信息的获取渠道

根据调查问卷情况，在"您通过哪些途径获取种植农作物种类的相关信息"这一问题中，如图 4-5 所示，53.79% 的受访农户主要以常规传统的种植方式进行种植，36.52% 的受访农户主要根据当前市场风向来获取农作物的种植生产信息，9.69% 的受访农户主要依赖网上的公开大数据平台获取农作物的种植生产信息。通过调查问卷可以看出，大多数农户在农作物的种植生产中仍然依靠传统渠道来获取信息，根据以往经验模式或是市场风向选择来种植生产的农作物，而仅有极少部分农户会分析、参考网上的大数据平台来选择种植生产的农作物。

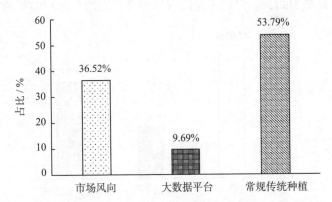

图 4-5　农户对农作物种植生产信息获取情况的调查结果

4.3.3 智慧农业技术应用情况

根据调查问卷情况，在"您目前了解或使用的智慧农业技术有哪些"这一问题中，如图 4-6 所示，63.26% 的受访农户没有使用过智慧化技术，15.36% 的农户访问过大数据平台，13.26% 的农户使用过无人机植保作业，8.12% 的农户使用过物联网技术。通过调查问卷可以看出，大部分农户没有使用过智慧农业相关技术，少部分农户利用过大数据平台进行搜索、采取无人机进行植保作业及物联网技术。因此可以看出当前山东省大部分农业大县农户对智慧农业相关技术利用率较低，大部分农户依然停留在传统种植方式。

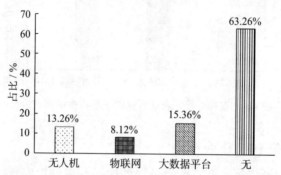

图 4-6　农户对智慧农业技术手段应用情况的调研分析

4.3.4　农产品购买渠道情况

根据调查问卷情况，在"您通常通过哪些渠道购买农资产品"这一问题中，如图 4-7 所示，47.03% 的农户选择个体户购买农产品的渠道，34.34% 的农户选择电商平台的方式购买农产品，34.34% 的农户选择品牌经销商的方式购买农产品。可以看出，山东省大部分农户选择智慧化方式即电商平台购买农产品的比例是最少的，农户们还是固有思想选择当地个体户购买的方式。

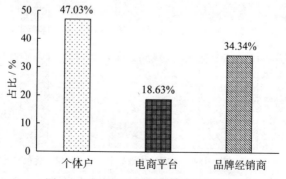

图 4-7　农户购买农资渠道的调查结果

4.3.5 智慧农业在山东省发展面临的困境

根据调查问卷情况，在"您认为智慧农业在山东省发展面临哪些困难或挑战?"这一问中，如图 4-8 所示，41.26% 的农户表示技术不掌握，36.18% 的农户表示投入高，14.58% 的农户表示其他原因，7.98% 的农户表示缺少智慧农业相关技术的培训。通过调查问卷可以看出，对智慧农业相关技术掌握和前期投入高是制约山东省一线农户开展智慧农业发展的主要原因。

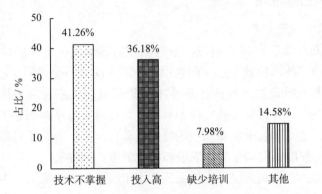

图 4-8　农户认为山东省智慧农业发展的制约因素多维度分析

根据调查问卷情况，在"您对推动山东省智慧农业发展有哪些意见或建议"这一问题中，如图 4-9 所示，共有 158 名农户提出了建议，对调查问卷进行汇总整理，农户提出建议主要集中在三方面：一是 79 名农户提出希望地方组织相关技术培训，增强智慧农业相关技术的操作本领；二是 72 名农户提出希望政府财政支持，推行惠农政策；三是 7 名农户提出组织人员进行智慧农业相关产品的推广，以此来进一步掌握智慧农业相关本领。

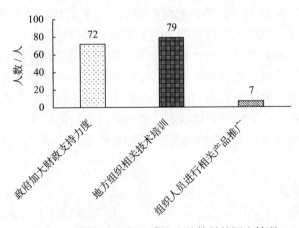

图 4-9　对智慧农业提出建议人员数量的调查情况

4.4 存在的问题及影响因素分析

根据调查结果，同时结合智慧农业国内外研究现状，整理分析可以发现，对于山东省当前智慧农业发展存在的问题主要表现为以下 5 个方面：智慧农业普及程度低、农业设备的智慧化水平不达标、信息服务平台基础薄弱、农业互联网建设运营不足、政府财政支持尚需加强。

4.4.1 存在的问题

(1) 智慧农业普及程度低

第一方面：推广宣传不到位。根据调查问卷情况，在"您接触的智慧农业科技人员推广技术频数"这一问题中，一周一次或一个月一次占比 15.03%，一年一次和基本没见过共计占比 84.97%。说明目前山东省对于智慧农业的技术推广频率不高，对智慧农业宣传不到位。新技术新方法革新是关键，农户是农业生产者，急需掌握最新农业技术就是劳动者，推广宣传不到位直接影响了智慧农业普及程度，阻碍了智慧农业新技术的推广和发展。

第二方面：农民观念滞后素质偏低。由于历史和自然原因，中国传统的小农生产模式仍然占主要部分，传统的农业生产、经营方式方法长期存在，山东省农业发展也是如此，对智慧农业的发展认识不够，理解不深，限制了智慧农业的发展。智慧农业的实现，最终取决于从事农业的劳动者，青年农民工外出务工时，从事农业生产的农民以老年人和妇女居多。抗拒新技术和政府组织技术培训，拒绝引进新品种、新技术，固守老规矩，影响了区域优良农业品种覆盖率和新技术的传播速度。农村劳动力中老年人比例较大，因体力、精力、能力等各方面的情况的限制，大多数老年人农业生产模式简单粗暴，仍采用最原始的耕种方法，无法利用新技术新手段，智慧化水平基本为零，导致农产品产量低、残渣大、品质差。此外，农村教育陷入危机，中国文盲多分布在农村，多以老年人为主，他们是农村劳动力的主力军，农村整体劳动力的素质水平还很低，大量的年轻农村劳动力转移到城市，这就造成了农村整个劳动能力的薄弱，农村的教育质量、教育结构也远低于城市水平，中老年人对知识的接受度也很低，即使部分农村劳动力为青年，他们在教育上投入的成本不够，这些问题在农村长期存在且短期内无法改变，导致农村劳动力教育整体水平越来越落后于城市，差距越来越大，这种农民素质和农村知识结构很难适应智能农业变革的需求。

(2) 农业设备的智慧化水平不达标

根据调查问卷情况，在前面的分析中，13.26% 的农户使用过无人机植保作业，8.12% 的农户使用过物联网技术，15.36% 的农户使用过大数据平台，

63.26% 的农户没有使用过智慧农业相关技术。在目前的农业生产过程中，农户仍然停留在传统农业种植的方式。而农业技术化和智慧化水平低也是制约山东省智慧农业停滞不前的因素之一。长期以来，农户拥有的耕种设备主要是中小型设备，拖拉机、抽水泵等设备，这些设备主要集中在耕作领域，而大中型农业机械、畜牧业和渔业设备较少，且技术化程度偏低，大部分农业设备用于生产环节较多，但用于产前和产后的农业设备较少。归根到底主要有以下几个原因：一是目前山东省农机投资不能充分利用农机效率，造成部分农机闲置。二是山东省土地流转现状仍处于发展阶段，农村地区大部分土地难以实现集约化管理，土地碎片化问题严重制约了农业机械的发展。三是农业智能化、无人化技术应用不到位。面对种种劣势，山东省努力提升全面机械化水平，以胶州市为首已成为全国首批发展种植、播种、收获、烘焙等综合机械化模式的示范市、县之一。

（3）信息服务平台基础较差

虽然山东省已经建立了农机化综合服务平台，包含了农机推广系统、农机购置补贴系统等，但对于数据的挖掘深度还远远不够。根据网站搜索引擎显示，尽管农林渔牧相关网站有很多，但是网站种类复杂，且质量差，大部分是以盈利赚钱为目的广告型网站，可利用的农业相关信息少之又少，且相关信息可信度不高，这就大大削弱了农业信息平台的公信力。同时，各个农业信息平台的推广力度不够，农业劳动者受学历、年龄等综合因素的影响，因此可接受农业信息软件的能力受到了制约。农户们对利用手机上网查询农业相关知识、安装相关 App、对比分析农业相关数据、搜索行业信息的各方面能力都不足，因此不能紧跟农业信息发展的时代要求。再者，尽管现在省内部分地区建立了农业信息网站，但是大部分网站发布内容与农户要搜索的要求相差甚远，仅仅是发布了常规的农业生产内容，与农业供销和价格走势预测等相关的信息不足，信息还存在一定的滞后性且信息体量相对较小，所以不能满足当前农业生产、销售、运输的要求，不能提供符合市场需求的农业信息产品情况。尽管建立了部分的农业信息网站，但是平台应用率低，耗费了人力、财力，且未能体现或达到预期的效果，对农业信息平台的可持续性发展不利，不能体现出农业信息平台在农业发展中应起到的带头作用。

（4）农业互联网建设运营不足

根据调查数据分析，虽然近年来互联网在农业发展中应用有所发展，但是可利用的互联网可以对农产品进行推广，需要一定的互联网操作水平，而且开设网店也是需要技术指导，大多数年长的农户对新兴事物是不了解也不接受，因此很难掌握这些新兴技术手段。现阶段农业互联网的运用还会有很大的上升空间，需要大量的专业人员对年长的农户进行一对一的培训指导，最后网络技术合理运用还需要大力的推广宣传。与此同时，山东省农业互联网的建设市场投放量较低、价格过高，且政府补贴无法满足实际需求，导致山东省分散经营的小微型农业者缺乏使用支配能力，智慧农业互联网不能全面普及，这就需要进行互联网建设，政府投入财政资金进行互联网建设，提高互联网平台的质量及安全性，对互联网平台的乱象进行监督管理。

（5）政府财政支持仍需加强

从全国的经验来看，农业中智慧化的发展水平影响了农业发展的速度、进程，高科技手段的应用是农业发展的趋势。虽然国家花大力气、大量资金投入农业的生产发展当中，其中就包括大量科研经费、各项补贴等。《农机购置补贴政策》是中共中央、国务院印发的一项强农、惠农、富农的重要政策，凡符合农机购置补贴条件的单位均可申请补贴，并按照国家政策办理农机购买手续和使用。农业农村部办公厅和财政部办公厅共同发布的《2021—2023年农机购置补贴政策实施指导意见》中明确指出，各省应不断加大推广力度去提高补贴比例，将部分产品的预计补贴比例提高到35%。同时也明确，补贴力度要增强、补贴范围要扩张、并大力宣传政策，可以让更多符合要求的智慧农业技术得到相应补贴。但是因为农业发展有的内容问题多样化，相对于人才、技术等建设上的难题，农业上的财政资金还是不足的，成果转化率相对较低。特别是在基层，这是农业发展的主战场，农业信息化水平不先进，让智慧农业发展陷入困境。因此在农业中，对科技研发、科技创新发展的投入至关重要，财政部门必须重视这部分的资金投入，政府各级部门应该积极配合，出台相应政策以适应智慧农业发展的要求。对于刚刚开始起步的智慧农业，相关政策规划仍然不足，这时，政府部门更应该重视起来，加大资金投入。具体智慧农业发展挑战对比可见表4-3。

表4-3　智慧农业发展挑战对比

类　别	问题描述	具体表现/原因
智慧农业普及程度低	推广宣传不到位	84.97%的农户一年一次或基本没见过智慧农业科技人员推广技术，推广频率低，宣传不到位，影响新技术普及
	农民观念滞后素质偏低	传统小农生产模式占主导，农民对智慧农业认识不足，老年人和妇女为主，抗拒新技术，农村教育水平低，劳动力素质整体落后，难以适应智慧农业需求
农业设备的智慧化水平不达标	农业设备技术化程度低	63.26%的农户未使用过智慧农业技术，传统农业设备为主，大中型机械和智能化设备较少，土地碎片化导致农机效率低，智能化、无人化技术应用不足

（续）

类　　别	问题描述	具体表现／原因
信息服务平台基础较差	农业信息平台数据挖掘不足	农机化综合服务平台数据挖掘深度不够，农业信息网站质量差、可信度低，信息滞后且体量小，不能满足农业生产、销售、运输需求，平台应用率低，未能体现预期效果
农业互联网建设运营不足	互联网应用水平低	农户对互联网操作不熟悉，开设网店需要技术指导，互联网建设市场投放低、价格高，政府补贴不足，小微型农业者缺乏使用支配能力，互联网平台质量及安全性需提高
政府财政支持仍需加强	财政资金投入不足	农业智慧化发展水平影响农业速度，高科技应用是趋势，但财政资金不足，成果转化率低，基层农业信息化水平落后，智慧农业发展陷入困境，需加大科技研发、科技创新投入，出台适应智慧农业发展的政策

4.4.2　影响因素分析

　　山东省智慧农业发展的制约因素有很多方面，本次调研中将可能成为山东省智慧农业发展影响因素进行选取并测算，并根据测算结果对山东省智慧农业技术创新的影响因素进行实证分析。我们对相关资料、数据进行查阅、研究，通过总结分析，选取 6 个变量通过计量模型进行测算并实证分析。影响因素分析主要按照以下思路进行：根据前面的分析，结合之前学者的学术成果、智慧农业相关文献，结合实际，在对山东省智慧农业各个环节考量的基础上，初步提炼出山东省智慧农业的若干个影响因素。根据研究内容，设计山东省智慧农业影响因素模型，并明确自变量和因变量。本测算的数据来源为《山东省统计年鉴》（2007—2023）、中国农业信息网、中国农村数据库、山东省农业农村厅、山东省统计局，提取了山东省数据信息，根据数据情况，对2004—2023 年数据进行单位根检验、协整检验，并利用 SPSS 软件进行结果分析。

　　（1）影响因素假设

　　智慧农业的发展与科技、人力、社会发展等多方面有关。根据前面的分析、之前学者的学术成果、智慧农业相关文献，结合实际，我们从农业智慧技术情况、农业网络使用情况、农业基础设施情况、农业劳动力情况、政府部门的扶持情况等相关方面综合选取了 6 个影响农业总产出的因素，即山东省智慧农业发展的影响因素（表 4-4）。

表 4-4　山东省智慧农业发展的影响因素

序号	变　量	定　义
X_1	农业信息化基础设施	农业信息化网络服务类平台的数量
X_2	电子商务平台使用	电商平台网点的开设数量
X_3	智慧农业财政投资	对智慧农业生产中的投入资金
X_4	技术创新贡献率	农业高新科技对农业经济增长的贡献
X_5	农户素质水平	农户高中以上文凭的占比
X_6	物联网技术应用	智能设备、智能技术的应用

（2）模型的建立

新经济增长理论模型中的生产函数是资本、劳动、人力、技术进步相关的函数模型，因智慧农业发展水平最后体现在农业产出的情况，因此我们将生产函数的因变量设定为 Y，Y 代表智慧农业发展水平总产出，引入更多的自变量即农业信息化基础设施 X_1、电子商务平台使用 X_2、智慧农业财政投资 X_3、技术创新贡献率 X_4、农户素质水平 X_5、物联网技术应用 X_6，用 6 个自变量来解释对智慧农业生产发展的影响。先假定这些自变量之间可以相互取代，因道格拉斯函数为非线性函数，对其两边取对数化为线性函数，并通过回归分析来验证说明因变量与假设的各个自变量之间的联系。由于农业产值在不投入任何生产要素的情况下，其产出为零，因此线性函数的常数项列为零，建立的线性函数公式 4-1 如下：

$$\ln Y = \beta_1 \ln X_1 + \beta_2 \ln X_2 + \beta_3 \ln X_3 + \beta_4 \ln X_4 + \beta_5 \ln X_5 + \beta_6 \ln X_6 + \mu \qquad （4\text{-}1）$$

其中，μ 为随机扰动项。

（3）数据的采集

数据均来源于《山东省统计年鉴》（2004—2023）、中国农业信息网、中国农村数据库、山东省农业农村厅、山东省统计局。实证分析涉及 6 个变量（X_1 至 X_6），时间为 2004—2023 年，样本数量 90 个，模型运行通过 SPSS 软件实现。其中农业信息化基础设施 X_1 为农业信息化网络服务类平台的数量情况，电子商务平台使用 X_2 为历年农产品类电商网络销量，智慧农业财政投资 X_3 为历年农业政府资金投入情况，技术创新贡献率 X_4 为山东省农业方面历年取得的专利、发明情况，农户素质水平 X_5 为农户获得高中以上文凭情况，物联网技术应用 X_6 为农业远程控制类设备数量情况（表 4-5）。

表 4-5 山东省智慧农业发展影响因素指标统计

项　目	最大值	最小值	标准差	均　值
农业信息化基础设施（X_1）	1.561	1.015	0.017 4	0.142
电子商务平台使用（X_2）	0.488	0.215	0.527	0.349
智慧农业财政投资（X_3）	0.121	0.082	0.026	0.105
技术创新贡献率（X_4）	0.173	0.135	0.159	9.417
农户素质水平（X_5）	0.389	0.276	0.031	0.294
物联网技术应用（X_6）	0.531	0.204	0.597	0.317

（4）实证分析

①平稳性检验

对模型的平稳性进行检验，采用 ADF 单位根检验方法，结果如表 4-6 所示农业财政投资的原始数据即为平稳序列，其余变量为非平稳序列，一阶差分后，其余变量均为一阶单整序列，符合协整检验的条件。

表 4-6 平稳性检验

变量	原始数据		一阶差分	
	ADF_t 值	P 值	ADF_t 值	P 值
$\ln Y$	18.931 9	0.254 1	77.352 2	0
$\ln X_1$	8.556 1	0.791 4	43.497 2	0
$\ln X_2$	7.816 9	0.897 7	52.341 2	0
$\ln X_3$	38.001 2	0.000 8	/	/
$\ln X_4$	9.897 3	0.814 6	55.512 8	0
$\ln X_5$	18.541 8	0.201 9	66.597 4	0.000 2
$\ln X_6$	4.540 7	0.365 5	28.960 6	0

②协整检验

利用 Johansen 协整检验进行验证，Johansen 协整检验是向量自回归模型的检验方法，结果如表 4-7 所示。分析可知，变量之间存在 3 个协整，也就是说明在 5% 的显著性水平下变量之间存在长期均衡关系。

表 4-7 Johansen 协整检验结果

原假设	特征值	统计计量	5% 显著水平	伴随概率
不存在协整向量	5.864	49.215	39.551	0
至少有 1 个	14.667	28.652	30.472	0.091 5

（续）

原假设	特征值	统计计量	5% 显著水平	伴随概率
至少有 2 个	8.727	20.143	23.548	0.090 3
至少有 3 个	4.916	8.853	16.108	0.042 5
至少有 4 个	7.284	18.241	16.225	0.075 4

③ 模型结果分析

利用模型对结果进行分析，选取普通最小二乘法 OLS 法对本研究的智慧农业发展的影响因素的模型进行估计，评估分析结果如表 4-8 所示。扩展形式下的拟合优度 R^2 为 0.955 947，调整后的 R^2 为 0.939 653，文中所列出的 6 项指标可以对因变量 Y 进行有效的解释，F 值为 59.332 7，本模型建立方程整体呈现显著性且方程具有较好的拟合效果。

根据分析的数据，可以写出智慧农业总产值 Y 作为因变量的协整方程式，公式 4-2 如下：

$$\ln Y = 0.354\ 124 + 4.495\ 874 \ln X_1 + 7.695431 \ln X_2 + 0.259\ 917 \ln X_3 + \\ 0.641\ 746 \ln X_4 + 5.785\ 012 \ln X_5 + 9.204\ 786 \ln X_6 \qquad (4\text{-}2)$$

表 4-8　模型结果分析

变量	预期符号	系数	标准误差	t 统计量	P 值
$\ln X_1$	+	4.495 874	1.639 842	3.856 214	0.003 9
$\ln X_2$	+	7.695 431	2.015 498	4.652 115	0.000 9
$\ln X_3$	+	0.259 917	0.301 412	0.884 181	0.398 4
$\ln X_4$	+	0.641 746	0.221 523	0.944 805	0.312 5
$\ln X_5$	+	5.785 012	1.984 124	6.214 129	0.000 2
$\ln X_6$	+	9.204 786	0.932 524	6.498 871	0
c	/	1250.369	401.765 2	2.415 836	0.007 9
R^2	调整后 R^2	对数似然比	$D.W.$ 统计量	F 统计量	P 值
0.955 947	0.939 653	131.251 8	0.957 825	59.332 7	0

注 "+" 代表显著性，"/" 代表无量纲。

从协整方程式可以得到，农业信息化基础设施 X_1、电子商务平台使用 X_2、智慧农业财政投资 X_3、技术创新贡献率 X_4、农户素质水平 X_5、物联网技术应用 X_6 这 6 个指标，对智慧农业总产值 Y 均存在正效应影响。其中，农业信息化基础设施 X_1 增长 1%，智慧农业总产值 Y 期望增长 4.50%，在 1% 的显著水平下具有显著性差异；电子商务平台使用 X_2 增长 1%，智慧农业总产值 Y 期望增长 7.70%，在 1% 的显著水平下具有显著性差异；智慧农业财政投资 X_3 增长 1%，智慧农业总产值 Y 期望增长 0.25%，未出现显著性差异；技术创新贡献率 X_4 增长 1%，智慧农业总产值 Y 期望增长 0.64%，未出现显著性差异；农户素质水平增长 1%，智慧农业总产值 Y 期望增长 5.79%，在 1% 的显著水平下具有显著性差异；物联网技术应用 X_6 增长 1%，智慧农业总产值 Y 期望增长 9.20%，在 1% 的显著水平下具有显著性差异。解释说明：六项自变量虽然均为正向效应，但是农业财政资金的投入及技术创新贡献率并没有体现显著性，这说明两个因素对智慧农业发展影响效果不明显。其他四个因素均在 1% 显著水平下具有显著性差异，这说明四个因素对智慧农业的发展起到促进作用，效果比较明显，其中表现最为突出的因素为物联网技术应用，其次为电子商务平台使用。

从以上统计计量结果可以看出，在山东省智慧农业发展影响因素中，物联网技术应用、电子商务平台使用、农业劳动力素质水平、农业信息化基础设施 4 个变量表现出显著性影响，其贡献率分别为 9.20%、7.70%、5.79%、4.50%。

（5）主要因素影响原因分析

① 物联网技术的应用对智慧农业发展具有明显的促进作用

随着物联网、大数据、人工智能等新技术的快速发展，智慧农业有望改变现有的农业生产方式，引领农业改革。在评价我国农业发展和农村信息化的道路时，大致可以分为三个阶段。第一阶段是"村通工程"，先行实施。通过"村通工程"，实施覆盖农业生产和农村的大型信息基础设施建设；中国电信"信息花园"平台、中国移动"农业信息通信"服务等信息服务平台，可提供大量涉农信息和电子商务服务。第二阶段是农村数字化服务整合阶段。首先构建省级农业大数据中心，整合气象、土壤、市场等 12 类涉农数据，开发"农技云课堂"等移动应用；其次推广低成本传感器和自动驾驶农机，建立全国农产品价格预警系统；同时实施"百万新农人培训"计划，通过县乡村三级服务站点和方言指南提升数字素养。第三阶段是利用物联网、云计算等新兴技术，实现智慧生产经营的发展模式，大量传感器节点形成功能多样的监控网络，通过各种传感器采集信息，帮助农户及时、准确发现问题。因此，农业逐渐从单纯依靠人工作业、机器协助的耕作方式，逐步向信息化、软件化的生产方式转变，提高生产效率，支持农业发展方式转变。在我国一些农业信息化比较发达的地区，逐步建立了利用物联网技术进行农业生产监测管理的小型化试验示范网络。这些实验性物联网网络用于种植农作物、养殖农产品和农业机械。为推动智能管理与规划、农作物病虫害防治、农产品安全追溯等各种智能农业信息化，同时为了进一步提高农业生产决策的智能化，应用了集成信息和系统技术，可实现智能功能数据处理和提取，为更高层次的农业生产提供智能决策支持。

②电子商务平台的使用对智慧农业的发展有明显推动作用

随着现代信息技术的发展，电子商务已经成为一种重要的商业模式，城市居民网购数量不断增加，甚至成为白领和许多青少年的主要消费方式。电子商务特别是网络购物的发展，对扩大农村消费发挥了重要作用。除了农民收入低之外，农村消费不畅还与农民市场意识差、消费意愿低、农村商业网点少、农民购买所需商品不便等密切相关。由于网上购物具有信息丰富、挑选方便、价格远低于商场、不受时间限制等优点，如果在有条件的农村推广网上销售及购物，将极大地方便农民销售农产品，方便购入与农产品相关的物料等，可以提高农产品的销售量，方便农产品的存储、运输。同时，在农村推广电子商务平台，可以帮助农民了解网络市场，学习网络销售产品的技巧，助力农产品流通。

③高素质农户的增加对智慧农业具有促进作用

高素质农户可提高智慧农业效率，助力智慧农业发展，提高科技创新产出。同时，增加高素质人才的数量，将提高农业劳动者的竞争力，提高他们的工作效率，从而对智慧农业的发展起到很好的支撑作用。一方面，高等教育的渗透率仍然较高；另一方面，科学农业是现代农业的基本要求。只有农民受过教育，才能掌握先进的农业技术，农地的资源价值才能进一步提升。农村人才外流较多，"三农"劳动力高素质人才队伍不足、老龄化严重、综合素质低下等问题较为突出，农业农村现代化需求矛盾突出且问题尖锐。新时代农村建设需要从城市引进大量人才，鼓励和吸引大批懂技术、懂市场、懂法律、懂建设管理的专业实用人才下乡，是当前条件下快速有效地为农村经济社会发展注入活力和动力的关键。

④农业信息化基础设施的不断深化对智慧农业效率有促进作用

山东省智慧农业的发展水平在全国未能排列在最前面梯队，其原因是选择的智慧农业发展方式未能充分发挥山东省区位优势。农业生产不能主要依靠大量劳动力投入的老路子，要通过农业信息化基础设施投入与发展来提高农业生产效率，采用农业信息化创新驱动的智慧农业模式，这是山东省未来发展智慧农业的正确选择。

我们根据选取的6个相关变量对智慧农业发展的影响效果进行了分析，结果表明物联网技术应用、电子商务平台使用、农户素质水平、农业信息化基础设施4个变量对智慧农业发展表现出了显著性影响，而智慧农业财政投入、技术创新贡献率并没有表现出显著性影响，分析其原因可能在于当前农业财政资金投入及技术创新贡献率水平稳定性相对较高，其变化幅度无法对农业经济发展起到应有的作用，其不显著性表明与智慧农业实际需求未达到有效衔接，具体原因的分析有待今后的研究进行讨论。

4.5　对策建议及未来展望

　　智慧农业的发展关乎未来农业总体发展水平，针对山东省智慧农业现状、存在的问题及实证分析的结果分析，本调研就如何推进山东省智慧农业发展提出以下六方面的改善意见及应对策略。

4.5.1　推动智慧化技术创新突破

　　目前，中国将农业智慧化战略定位为农业发展重点，因此，山东省农业要逐步减少对外部市场的依赖程度，以国内农业生产为主导，发展国内、国外协调循环的新型农业发展模式。我们要大力开发农业技术、提升农产品生产效率，自主创新，实现技术的内升驱动力。山东省农业基础还相对薄弱，优质农业深加工仍依赖于国外的技术支持，这是山东智慧农业推进遇到的重点难题之一，山东省要着力提高农业科技自主创新能力，尽快突破"卡脖子"的关键技术，从根本上树立建设山东农业创新发展路径的决心，实现自主创新，农业技术流通，掌握关键技术的主导权。发展食品生产技术和农产品物流。立足食品生产科技需求和农产品物流产业链拓展发展，重点布局传统特色食品加工技术、开发功能性食品、农副产品营养精准设计、名优特色药食同源、科研装备开发与智能生产、安全监控等。大力发展农业现代化技术，主要可以先通过现代林业产业示范区、有机农产品示范基地等示范区域为实施重点，重点提高农作物产量、质量、效率，加大农林重大病虫害防治、畜禽高效养殖和重大动物疫病防治等工作。淡水养殖绿色健康发展，智能农业机械装备和工厂化养殖、智慧养殖和森林质量提升等高新技术和关键技术研究，为加快建设现代农业提供科技支撑。开发提高耕地质量的技术，面向土壤储粮、土壤肥力培育与健康保护、土壤治理和污染农田修复等科技需求，重点部署红壤酸化与退化农用地低改良领域的高新技术和关键技术攻关产区生产力、污染防治和绿色投入品创造，为提高耕地质量提供科技支撑。大力发展种植业方面的创新技术，种植业是农业生产的重点，现代种植业如果能发展好，将大大提升以往种植业形势的效率，其中要大力研发优良种质资源鉴定、精准育种技术、基因挖掘、育种材料创制等关键技术，培育重大新品种和选育品种的高效选育，为实现重要农产品来源自主可控提供科技支撑。

4.5.2　强化电商平台推广应用

　　山东省在农村信息化进程中，农村电子商务也由此出现，迅速成为农村经济发展的新模式。农村的产品可以直接销售给城市，不需要太多考虑地域远近的问题，同时，城市产品也可以销售到农村，满足农民生活的日常所需。随着农村建设的不断发展，电子商务的应用成为必然的趋势。尤其是在近些年，受新冠疫情影响，相对以往，农产品在实体店铺的销售就没有那么便利，此时，就体现出电子商务平台不受地域、不受场所限制的优势。农户也逐渐意识到互联网平台给农产品销售带来的客观收益，积极探索农产品流通电子平台的应用。因此，山东省要坚持把发展电子商务作为农业发展的战略性创新举措，大力实施农村电子商务工程建设，培育一批优秀的网上电子商务示范店，开辟出电子商务新路线，各个电商服务点为当地村民提供网上平台买卖、快递、支付充值、网上订票等便捷服务，帮助老百姓买到物美价廉的商品，让老百姓感受实惠，感受农村电商带来的便利。

4.5.3 加快农业物联网信息技术发展

随着山东省经济社会的快速发展，一方面，人们对农业可持续发展的呼声越来越高；另一方面，山东省农业智慧化发展明显不足。农业方面专家曾明确提出，网络信息技术、网络大数据、无人化在农业上的应用将成为农业发展的重点，山东省农业发展逐步迈向新征程，必须依靠网络信息技术才能取得创新、高速发展。对比国外智慧农业，我们可以看出，山东省的差距依然很大，国外很多国家智能化、无人化农业生产推行得很好，物联网技术、云计算等新兴技术也被合理运用到农业发展当中。我们也应该逐步建立起原有的各种本地化、孤立的小规模智慧农业应用逐渐向公共平台公共服务迁移，逐步打造具有一定范围和相对规范的企业和应用。

第一，要推动农业物联网关键技术研发。面对国外的先进经验，我们应该积极消化吸收。在我们的地理环境下如何运用先进经验的方式方法，我们要逐步攻克农业专用传感器、智能信息处理等一系列的技术难题。第二，要加快制定农业物联网标准体系。应该鼓励相关科研院所、高校等积极参与加快制定农业物联网标准体系的制定、推广。制定的体系应该注重与国际相比较，与发展较好的国家相比较，要注重国际标准化的研究，注重农业物联网体系的可持续发展，积极推动农业物联网标准体系的应用。第三，要提升农业网络信息技术应用示范推广力度。目前，我们农业网络信息技术的大规模应用仍有欠缺，还有很长距离才能得到广泛应用。可以先尝试以示范点的形式开展实施，以点带面的推动，在山东省内选取几个有代表性的地区作为示范点，在示范点建立标准的农业网络信息技术应用体系，通过规范化的管理，建立模板实验区，通过不断研究、实验，以典型应用引导产业发展，达到比较理想的状态，然后进行全国推广应用。第四，要重视农业网络信息技术的安全防护。信息技术的安全问题既是农业网络信息技术的重点，也是难点，有必要研究适用于农业物联网的网络安全体系和安全技术。需要随时随地获取想要了解的信息，同时需要确保隐私信息在泄露时受到保护，可以保护隐私信息不被未经授权的访问者访问，防止盗窃和攻击的私人信息。

4.5.4　做好高素质农民培训工作

提高农民专业技能是全面支持乡村振兴的必然要求。聚焦农村贫困人口、贫困儿童、农民工等群体，聚焦农村人才需求，创新思路和举措，不断取得突破。山东省按照需求驱动培训，鼓励各地根据经济社会发展和地方优势产业需求，实施特色品牌培训项目，激活产业发展竞争力，提高专业技能培训服务效率。一是突出资源优势，加大特色产业培育力度。充分利用产业资源和自然资源，将培训内容与产业发展相结合，做大做强特色产业。二是突出品牌建设，加强对示范区的支持。坚持"培训提升＋产业扶持＋乡村振兴"三合一培养模式，加强品牌建设，加大产业扶持力度，增强特色品牌影响力。在沿海地区，可以根据当地特点开展培训，结合山东特色"鲁菜大师"培养计划，吸引三级城乡振兴示范区农渔民广泛参与地区和城市。三是重视商务咨询，打造"技能培训＋商务贷款"的全链条服务模式，出台实施商务担保贷款的措施。为愿意创业的农民提供担保贷款的经营政策。四是强化农业农村发展的造血功能。本着一切以农民需求为前提，通过智能化技术手段为载体，提高农业产品质量，加快建设素质好、技术强、文化高的高素质农民队伍，为智慧农业的发展奠定人才基础。五是着力培养"创新型"骨干农村创业人才。依托各类农民培训项目，针对返乡青年创业者、对农业感兴趣的大学生和退役军人针对电子商务等新兴产业，开展激发创业激情等农村创业技能培训，选择农业、创业项目和农村电商。以优质农场培育工程为基础，按照教育培训"三位一体"的要求，为领导者开展全产业链的规范化管理和政治支持、培训和后续服务，培养出素质好、技术强、文化高的高素质农民队伍。

4.5.5　建立智慧农业人才引进机制

制约智慧农业发展的关键因素之一是目前农业人才数量偏少。目前，山东省各大高校纷纷开设农业专业，涉农研究逐渐增多，这对于智慧农业的发展来说是个好消息，但高校科研团队更加注重理论研究和教学实施，在智慧农业实践中发挥着重要作用。因此，应建立农业人才引进综合评价机制，在为农业科研人员提供理论基础的同时，强调了解实际过程。智慧农业的成果集中在技术的使用者身上，即农民、农业生产者身上。科技的使用是一个过程，农业技术的应用也需要从研发、到创新、到技术推广。对于传统农业生产者来说，让其接受技术推广不但在技术方面有困难，在意识层面同样是需要过程的。在每个环节引入专业人才，能够实现与传统农民的互补，同时通过引进不同方面的农业技术人才，在人才之间同样可以形成竞争。因此，在引进专业人才的过程中，应考虑每项职能与不同阶段员工能力的互补性。建立竞争机制，提高智慧农业人才的竞争意识，激发他们的创造力和危机意识，从而提高智慧农业的效率。在号召优秀青年农民回乡创业、支持家乡建设的基础上，在充分利用受过良好教育、积极参与的青年农民的基础上，围绕农业发展和农村现代化建设，适时开展针对性精准培训，提高培训质量，创新培训形式，使青年农民成为新时代农村的中坚力量。培养本土人才是新时代农村建设的关键，目前，农村人才水平面临的最严重的问题要么是综合素质不够高，要么是综合素质高到农村跟不上。针对这些问题，山东省在农村教育质量提升的基础上，可以尝试探索"为农民队伍量身定制"的培养方案。通过政策机制创新，大胆有针对性地培养一支地方专业农民队伍，让他们成为懂农业、爱农村、爱农民的高素质农民，这将探索出一条扎根农村的人才培养新路径，为更好实施乡村振兴战略奠定坚实基础。

山东省对农业科研单位的支持力度相对较弱，受周边地区影响，人才流失现象较为严重。山东省应该加大农业部门科技研发的财政支持力度，逐渐建立起高素质、高质量的农业科技人才队伍，为山东省农业科技人才在区域农业生产发展发挥有效的作用。要建立起配套的科技人才管理制度，建立健全科技工作者的选拔管理制度。在支持和吸引外国留学生和居民就业方面，要重视现有技术人才的培养和利用，充分发挥他们在区域农业科技发展和创新中的作用。制定科学的人才选拔评价标准，选拔培养各级人才。

4.5.6 完善信息服务平台建设

在新时代的发展中，推进智慧农业需要完善信息服务平台的建设。首先，应提高对信息服务平台重要性的认识，加大人力和物力的投入力度。山东省在具体推进过程中，应细化服务平台的功能，建立基层农技推广综合业务平台系统、智慧农民培育综合业务平台系统以及农业科技成果转化服务平台系统等。要注重提升平台各板块的质量，充分挖掘数据资源，避免出现质量低下、以营利为目的的广告型网站泛滥的现象，从而增强农业信息平台的公信力。

其次，在建设信息服务平台时，应充分考虑其实用性和易用性。由于农业劳动者的文化水平普遍不高，平台设计应注重满足这一群体的使用需求，避免信息量庞大但实用资源匮乏的情况，确保平台能够被有效利用。政府还需加强监管，对平台内容、质量和时效性等方面进行严格把控，确保通过服务平台向农业劳动者传递真实、可靠的农业信息。通过信息服务平台，不仅可以拓宽农业劳动者的视野，还能为他们的农业生产提供明确的方向指引。

4.6　小结

本章总结归纳了山东省智慧农业行业的发展概况及问题分析，从政策出台、典型案例、发展现状、存在问题及对策建议等多个方面进行了全面梳理和深入探讨。通过对山东省智慧农业相关政策的梳理，本章分析了政策在推动智慧农业发展中的重要作用，展示了山东省在智慧农业领域的政策支持和实践探索。典型案例的分析进一步揭示了山东省在智慧农业技术应用、产业链整合和模式创新方面的成功经验，为其他地区提供了有益借鉴。通过数据分析，详细探讨了山东省智慧农业的发展现状，包括农户对智慧农业的了解程度、生产信息的获取渠道、技术应用情况以及农产品购买渠道等，全面反映了智慧农业在山东省的普及程度和应用效果。同时，本章指出了山东省智慧农业发展过程中面临的困境，如技术推广难度大、资金投入不足、人才短缺等问题，并深入分析了这些问题的根源和影响因素。

针对存在的问题，本章提出了切实可行的对策建议，包括推动智慧化技术创新突破、强化电商平台推广应用、加快农业物联网信息技术发展、做好新型职业农民培训工作、建立智慧农业人才引进机制以及完善信息服务平台建设等。这些建议为山东省智慧农业的未来发展提供了明确的方向和路径。总体而言，本章通过政策、案例、数据和问题的多维度分析，全面总结了山东省智慧农业的发展现状和面临的挑战，并提出了具有针对性的解决方案，为山东省智慧农业的进一步发展和产业升级提供了重要参考。未来，随着技术的不断进步和政策的持续支持，山东省智慧农业将在推动农业现代化和实现高质量发展中发挥更加重要的作用。

5 山东省智慧农业的区域实践与典型模式

　　山东省依托其多样化的农业资源禀赋和较为完善的农业产业基础，在不同区域因地制宜地探索智慧农业的发展路径，展现出鲜明的区域实践特点。无论是寿光的智慧温室、潍坊的精准农业，还是胶东半岛的果蔬产业智慧化管理，山东省各地在智慧农业技术的应用和推广中，充分结合了当地的自然条件、产业特点和市场需求，形成了多样化的实践模式。这些模式不仅推动了农业生产效率的提升和资源利用的优化，还为全国智慧农业的发展提供了可复制、可推广的经验。

　　山东省智慧农业的区域实践呈现出以下显著特点：一是技术应用的多样性。不同区域根据自身农业生产的特点，采用了物联网、大数据、人工智能、区块链等多种技术手段，实现了农业生产全过程的智能化管理。二是产业链的延伸性。智慧农业不仅体现在生产环节，还贯穿于加工、流通和销售等全产业链，推动了农业产业链的优化升级。三是模式的创新性。各地在智慧农业的推广中，探索出了适合自身发展的新型农业经营模式，如"智慧农业＋合作社""智慧农业＋龙头企业"等，为农业现代化提供了新的发展路径。这些实践模式在提升农业生产效率、保障农产品质量安全、促进农业绿色发展等方面发挥了重要作用。三是模式创新的灵活性和适应性。寿光通过智慧温室技术实现了蔬菜种植的精准化管理，大幅提高了生产效率和产品质量；潍坊利用精准农业技术优化了粮食作物的种植管理，降低了资源消耗；胶东半岛则通过果蔬产业的智慧化管理，实现了从生产到销售的全链条数字化升级。这些成功案例为其他地区提供了宝贵的经验。通过对区域实践的深入研究，不仅能够更好地理解智慧农业在不同区域的适应性和发展潜力，还能为其他地区探索智慧农业发展路径提供有益启示。山东省的智慧农业实践表明，因地制宜地应用先进技术、延伸产业链条、创新经营模式是实现农业现代化的重要途径。未来，随着智慧农业技术的不断发展和推广，山东省的经验将为全国智慧农业的普及和深化提供重要借鉴，助力我国农业的高质量发展。

本章将从区域智慧农业实践的特点入手，系统梳理山东省在智慧农业领域的典型模式，结合具体的成功案例，深入分析这些模式的创新点和实践成效。通过对寿光智慧温室、潍坊精准农业、胶东半岛果蔬智慧化管理等案例的剖析，总结山东省智慧农业区域实践中的经验，探讨其在全国范围内的推广路径，为我国智慧农业的全面发展提供参考和借鉴。

5.1 区域智慧农业实践的特点

本章围绕山东省智慧农业的发展进行深入探讨，首先分析本省农业资源禀赋与区域差异。山东省耕地面积广阔，土壤肥力较高，适合多种农作物的种植，形成了以鲁西北平原、胶东半岛、鲁中山区和鲁南地区为主的多样化农业生产区域。各地区根据其地形、气候和资源特点，发展出了不同的农业生产模式。鲁西北平原以粮食生产为主，胶东半岛侧重于果蔬种植和水产养殖，而鲁中山区聚焦发展特色农业。通过因地制宜地推广智慧农业技术，山东省不仅提升了农业生产效率，还推动了农业产业结构的优化升级。

在区域智慧农业发展的重点方向方面，鲁西北平原地区主要聚焦于精准农业技术和农业机械智能化，以提升粮食生产效率；胶东半岛则致力于智能温室技术和果蔬质量追溯系统的应用，以实现果蔬种植的智慧化升级；而鲁南地区和鲁中山区则分别通过智能养殖技术和小型智能化设备的推广，推动畜牧业和特色农业的智慧化管理。这些发展方向不仅提升了各地区的农业生产效率，还为实现农业的可持续发展提供了新的路径。

本章总结了山东省智慧农业区域实践中的成功经验与推广路径。通过因地制宜的智慧农业发展策略、技术与产业的深度融合、智慧农业示范园区的建设、政府支持与多方协作的机制，山东省有效推动了农业现代化和高质量发展。此外，区域间的协同发展机制也为智慧农业的全面推广提供了重要保障，促进了技术、资源和经验的共享。这些成功案例和经验为其他地区的智慧农业发展提供了有益的借鉴，推动了全国范围内的农业转型升级。

5.1.1 山东省农业资源禀赋与区域差异

山东省耕地面积广阔，约占全国耕地总面积的6%，是我国重要的粮食主产区之一。其土地类型多样，包括平原、丘陵和山区，适合多种农作物的种植。平原地区主要种植小麦、玉米等大宗粮食作物，而丘陵和山区则适合果树、茶叶和中药材等特色经济作物的种植。山东省土壤肥力较高，尤其是鲁西北平原地区，土壤条件优越，适合大规模机械化耕作。从气候条件来看，山东省属于温带季风气候，四季分明，光照充足，年均日照时数在 2 500～3 000

小时，年均降水量在 500～800 毫米，为多种农作物和经济作物的生长提供了良好的自然条件。胶东半岛地区气候温和湿润，冬季较为温暖，适合果蔬种植和水产养殖，是我国苹果、葡萄等水果的重要产区。山东省水资源总量较为丰富，但分布不均。黄河流域是主要水源地，鲁西北地区水资源相对充足，而胶东半岛地区水资源相对紧张。黄河水的引入为山东省农业灌溉提供了重要保障，尤其是在粮食主产区，灌溉条件较为完善。

山东省地形地貌多样，农业资源的分布和利用方式存在显著的区域差异，不同地区在农业生产重点和发展方向上各具特色。①鲁西北平原地区。包括德州、聊城、菏泽等地，地势平坦，土壤肥沃，是典型的黄淮海平原地区。该地区以粮食生产为主，是山东省乃至全国重要的粮食主产区。农业机械化水平较高，适合大规模机械化耕作和智慧农业技术的推广。未来发展方向包括推广精准农业技术，如精准施肥、精准灌溉和无人机植保，同时建立智慧农业监测系统，进一步提高粮食生产效率。②胶东半岛地区。包括青岛、烟台、威海等地，地形以丘陵和沿海平原为主，气候温和湿润。该地区以果蔬种植和水产养殖为主，是我国苹果、葡萄等水果的重要产区，也是海参、对虾等水产品的主要生产基地。农业生产以高附加值经济作物为主，注重品质和品牌化发展。未来发展方向包括推广智能温室技术和精准灌溉技术，提高果蔬种植效率，同时发展智慧渔业，利用物联网和大数据技术优化水产养殖管理。③鲁中山区。包括泰安、淄博等地，地形以山地和丘陵为主，土壤类型多样。该地区以特色农业为主，如茶叶、花卉和中药材种植。由于地形复杂，农业生产规模较小，机械化水平相对较低。未来发展方向包括推广小型智能化设备，适应山区和丘陵地形的农业生产需求，同时发展生态种植模式，结合智慧农业技术保护生态环境。④鲁南地区。包括临沂、枣庄等地，地形以平原和丘陵为主，农业资源丰富。该地区农业种类多样，既有粮食作物种植，也有蔬菜、果树种植和畜牧养殖业。该地区畜牧业发展较快，是山东省重要的畜牧业生产基地。未来发展方向包括推动畜牧业的智慧化管理，推广智能饲喂系统和环境监测系统，同时发展农业全产业链智慧化整合，提升农产品附加值。综上所述，山东省凭借其多样化的地形地貌、优越的气候条件和丰富的农业资源，形成了各具特色的农业生产区域。通过因地制宜地推广智慧农业技术，山东省不仅提升了农业生产效率，还推动了农业产业结构的优化升级，为全国智慧农业的发展提供了宝贵的经验和示范。未来，山东省将继续发挥其农业资源优势，结合智慧农业技术，推动农业现代化和可持续发展，为我国农业的高质量发展作出更大贡献。

山东省不同区域智慧农业典型模式见表 5-1，从经济效益上来看，胶东半岛地区对于智能温室模式的经济效益最大，产量提升也最高，相比于其他 3 个地区平均产量提升了 30%，主要挑战为投资成本太高。鲁中山区在生态农业模式中产量提升最低，为 20%，主要挑战为市场需求不足。

表 5-1　山东省不同区域智慧农业典型模式

区域	典型模式	主要技术应用	产量提升 / %	经济效益 / 万元	主要挑战
鲁西北平原地区	精准农业	土壤传感器、无人机监测	25	450	技术普及率低
胶东半岛地区	智能温室	温室环境监测、自动化控制	30	500	高投资成本
鲁中山区	生态农业	有机种植、生态循环系统	20	350	市场需求不足
鲁南地区	物联网农业	物联网监测、数据分析	22	400	数据安全与隐私问题

尽管山东省农业资源丰富，但在智慧农业发展过程中仍面临一些挑战。资源分布不均，水资源和土地资源在不同区域分布不均，胶东半岛地区水资源紧张，都影响了智慧农业技术的推广。不同地区的农业产业结构差异较大，需要因地制宜地制定智慧农业发展策略。尤其山区和丘陵地区的地形复杂，智慧农业技术的适配性和推广难度较高。而且部分地区农民对智慧农业技术的接受度较低，技术推广需要更多的培训和支持。

5.1.2　区域智慧农业发展的重点方向

（1）粮食主产区的智慧化生产重点区域

鲁西北平原地区，包括德州、聊城、菏泽等地。发展方向主要有：① 精准农业技术推广。利用物联网、大数据和遥感技术，实时监测土壤养分、气候条件和作物生长情况，实施精准施肥、精准灌溉和精准播种。推广无人机植保技术，实现农药的精准喷洒，减少农药使用量，降低环境污染。② 农业机械智能化。推动农业机械化与智能化相结合，发展无人驾驶拖拉机、播种机、收割机等智能设备，提高生产效率。建立智慧农业管理平台，实现从耕种到收获的全程数字化管理。③ 病虫害监测与预警。利用传感器和大数据技术，建立病虫害监测与预警系统，及时采取防治措施，减少粮食损失。

（2）果蔬种植区的智慧化升级重点区域

胶东半岛地区，包括烟台、青岛、威海等地。发展方向主要有：① 智能温室技术应用。推广智能温室管理系统，通过传感器和自动化控制设备，实时调节温湿度、光照和二氧化碳浓度，优化果蔬生长环境。② 应用水肥一体化技术。实现精准灌溉和施肥，提高水资源和肥料利用效率。③ 果蔬质量追溯系统。利用区块链技术建立果蔬质量追溯系统，实现从种植到销售的全程可追溯，提升果蔬品质和市场竞争力。④ 无人机与机器人应用。推广无人机用于果园喷洒农药和监测作物生长情况。应用采摘机器人，提高果蔬采摘效率，降低人工成本。

（3）畜牧养殖区的智慧化管理重点区域

鲁南地区和鲁西北地区，包括临沂、枣庄、菏泽等地。发展方向主要有：① 智能养殖技术推广。利用智能饲喂系统，根据畜禽的生长阶段和营养需求，精准投喂饲料，降低饲料浪费。应用环境监测系统，实时监控养殖场的温湿度、空气质量和光照条件，优化畜禽生长环境。② 疾病监测与预警。利用传感器和人工智能技术，监测畜禽健康状况，及时发现疾病并采取防控措施。建立畜禽疾病预警系统，减少疫病传播风险。③ 粪污资源化利用。推动畜禽粪污的资源化处理，利用智能化粪污处理系统，将畜禽粪污转化为沼气、有机肥，实现循环利用。④ 智慧化养殖平台。建立智慧养殖管理平台，整合饲养、监测、销售等环节的数据，实现养殖全流程的数字化管理。

（4）特色农业区的智慧化发展重点区域

鲁中山区和部分丘陵地区，包括泰安、淄博等地。发展方向主要有：① 小型智能化设备推广。针对山区和丘陵地形，推广适合小规模农业生产的小型智能化设备，如小型无人机、精准施肥设备等。② 生态种植模式。结合智慧农业技术，发展生态种植模式，保护土壤和水资源，提升农产品的绿色和有机品质。③ 特色农产品品牌化。利用智慧农业技术提升特色农产品的品质，通过品牌化和数字化营销拓展市场。④ 智慧农业与乡村旅游相结合。推动智慧农业与乡村旅游融合发展，利用智慧农业技术打造现代化农业示范园区，吸引游客体验智慧农业。

（5）农业全产业链的智慧化整合重点区域

全省范围。发展方向主要有：① 农业大数据平台建设。建立农业全产业链大数据平台，整合生产、加工、销售等环节的数据资源，为农业生产提供精准决策支持。② 智慧农业与电商平台相结合。推动智慧农业与农业电商平台的结合，实现农产品的线上销售和物流管理。③ 农产品加工与物流智慧化。推广智能化农产品加工设备，提高加工效率和产品质量。应用智慧物流技术，实现农产品的高效运输和冷链管理。④ 智慧农业服务体系。建立智慧农业服务体系，为农民提供精准化、定制化的技术支持和服务。

山东省智慧农业重点区域发展方向见表5-2。

表 5-2 山东省智慧农业重点区域发展方向

区域分类	重点区域	发展方向
粮食主产区的智慧化生产	鲁西北平原地区（德州、聊城、菏泽等）	① 精准农业技术推广 ② 农业机械智能化 ③ 病虫害监测与预警
果蔬种植区的智慧化升级	胶东半岛地区（烟台、青岛、威海等）	① 智能温室技术应用 ② 水肥一体化技术 ③ 果蔬质量追溯系统 ④ 无人机与机器人应用
畜牧养殖区的智慧化管理	鲁南地区和鲁西北地区（临沂、枣庄、菏泽等）	① 智能养殖技术推广 ② 疾病监测与预警 ③ 粪污资源化利用 ④ 智慧化养殖平台
特色农业区的智慧化发展	鲁中山区和部分丘陵地区（泰安、淄博等）	① 小型智能化设备推广 ② 生态种植模式 ③ 特色农产品品牌化 ④ 智慧农业与乡村旅游相结合
农业全产业链的智慧化整合	全省范围	① 农业大数据平台建设 ② 智慧农业与电商平台相结合 ③ 农产品加工与物流智慧化 ④ 智慧农业服务体系

5.2 山东省智慧农业的典型模式

　　山东省智慧农业的发展在全国范围内具有重要的示范意义。结合区域资源禀赋、产业结构和发展需求，山东省探索并形成了多种智慧农业发展模式。这些模式通过现代信息技术与农业生产的深度融合，推动了农业生产效率的提升、资源利用的优化和农业产业的转型升级。以下是山东省智慧农业 3 种典型模式的详细介绍。

5.2.1 农业园区智慧化管理模式

　　农业园区智慧化管理模式是以现代农业园区为载体，利用物联网、大数据、人工智能等技术，对农业生产、管理和服务进行全方位智慧化升级。山东省依托农业园区的规模化、集约化优势，打造了一批智慧农业示范园区，推动农业生产的标准化、智能化和高效化。其核心特点主要有：① 全程数字化管理。农业园区通过传感器、无人机、遥感技术等设备，实时监测土壤、气候、作物生长等数据，实现农业生产的全程数字化管理。通过智慧农业管理平台，整合种植、灌溉、施肥、病虫害防治等环节的数据，优化生产决策。② 智能温室与设施农业。园区内广泛应用智能温室技术，通过自动化控制系统调节温湿度、光照和二氧化碳浓度，优化作物生长环境。推广水肥一体化技术，实现精准灌溉和施肥，节约资源，提高产量。③ 农产品质量追溯。利用区块链技术建立农产品质量追溯系统，实现从种植到销售的全程可追溯，提升农产品的安全性和市场竞争力。④ 示范与推广功能。农业园区不仅是智慧农业技术的应用场景，还承担着技术示范和推广的功能，为周边农户提供技术支持和培训。农业园区智慧化管理模式见表5-3。

表5-3 农业园区智慧化管理模式

核心特点	具体内容	技术应用
全程数字化管理	通过传感器、无人机、遥感技术等设备，实时监测土壤、气候、作物生长等数据，实现农业生产全程数字化管理	物联网、大数据、智慧农业管理平台
智能温室与设施农业	应用智能温室技术，通过自动化控制系统调节温湿度、光照和二氧化碳浓度，优化作物生长环境。推广水肥一体化技术，实现精准灌溉和施肥	智能温室、自动化控制、水肥一体化技术
农产品质量追溯	利用区块链技术建立农产品质量追溯系统，实现从种植到销售的全程可追溯，提升农产品安全性和市场竞争力	区块链技术、质量追溯系统
示范与推广功能	农业园区是智慧农业技术的应用场景，承担技术示范和推广功能，为周边农户提供技术支持和培训	技术示范、培训支持

寿光市作为"中国蔬菜之乡"，以其发达的蔬菜产业和现代农业技术享誉国内外。近年来，寿光市依托智慧农业技术，建设了多个智慧农业园区，广泛应用智能温室、水肥一体化和大数据管理技术，实现了蔬菜种植的高效化和标准化，推动了蔬菜产业的高效化、标准化和品牌化发展。寿光蔬菜智慧农业园区以设施农业为核心，结合物联网、大数据、人工智能等现代技术，打造了集蔬菜种植、技术研发、示范推广、加工销售于一体的现代农业园区。园区内主要种植番茄、黄瓜、辣椒等高附加值蔬菜，产品远销国内外。其核心技术与管理模式包括智能温室技术，温室内安装了传感器和自动化控制系统，实时监测温度、湿度、光照、二氧化碳浓度等环境参数，系统根据作物生长需求自动调节温室环境，如开启或关闭通风口、调节遮阳网、控制加热或降温设备。园区还采用了水肥一体化技术，通过管道系统将水和肥料精准输送到作物根部，节约了30%以上的水资源和肥料，降低了生产成本，避免了资源浪费。灌溉系

统结合土壤湿度传感器，实时调整灌溉量，确保作物获得最佳的水分和养分供应。同时，温室内安装了病虫害监测设备，通过图像识别技术和大数据分析，及时发现病虫害并采取防控措施。通过标准化生产和质量追溯系统，园区内的蔬菜品质稳定，安全性高，深受消费者信赖。园区还推广生物防治技术，减少化学农药的使用，保障蔬菜的绿色和安全。作为智慧农业技术的示范基地，园区为周边农户提供技术支持和培训，带动区域农业现代化发展，推动了寿光市从传统农业向现代农业的转型升级。

5.2.2　农业合作社与智慧农业结合模式

农业合作社与智慧农业结合模式通过将分散的小农户联合起来，共同应用智慧农业技术，显著提升了农业生产效率和市场竞争力。在山东省，农业合作社充分发挥组织优势，推动智慧农业技术在小农户中的普及和应用，其核心特点在于资源共享。合作社通过集中采购智慧农业设备（如无人机、智能灌溉系统等），降低单个农户的技术应用成本，同时共享技术服务、生产资料和市场信息，实现资源的高效利用。通过技术推广与培训，合作社为农户提供精准施肥、病虫害防治等智慧农业服务，提升了农户的技术水平和接受度。合作社对成员的农业生产进行统一管理，利用智慧农业管理平台实时监控生产过程，确保产品质量，并统一收购成员的农产品，通过电商平台或品牌化销售渠道，提高产品附加值。以平度市为例，多个农业合作社引入智慧农业技术，通过无人机植保、精准灌溉和大数据管理，提升了粮食和蔬菜的生产效率，统一销售农产品并打造区域特色品牌，增加了农户收入。这种模式降低了智慧农业技术的应用门槛，推动了技术在小农户中的普及，提高了农产品质量和市场竞争力，促进了农业生产的规模化和集约化发展，为农民增收提供了有力支持。

5.2.3　智慧农业与家庭农场融合模式

智慧农业与家庭农场融合模式通过引入智慧农业技术（如土壤传感器、气象监测设备、无人机和智能机械设备等），显著提升了家庭农场的生产效率和经营水平。在山东省，家庭农场作为农业生产的重要主体，利用这些技术实现了精准施肥、精准灌溉和精准播种，降低了劳动强度，提高了生产效率。同时，家庭农场结合智慧农业技术发展多元化经营模式，如生态农业、观光农业和农产品深加工，并通过智慧农业管理平台优化生产计划，拓展销售渠道。借助电商平台和直播带货等新兴渠道，家庭农场直接面向消费者销售农产品，缩短了产业链，提高了收益。此外，家庭农场注重生态保护，结合智慧农业技术发展绿色、有机农业，减少化肥和农药的使用，保护土壤和水资源。以潍坊市为例，多个家庭农场通过精准灌溉、无人机植保和农产品质量追溯系统，实现了高效生产和品牌化经营，部分农场还发展了观光农业，吸引游客体验智慧农业，增加了收入来源，推动了农业生产的绿色化和可持续发展，增强了家庭农场的市场竞争力，促进了农民增收。

5.3 区域实践中的成功案例

山东省智慧农业的发展在不同区域形成了具有代表性的成功案例，这些案例充分结合了区域资源禀赋、产业结构和发展需求，探索出了因地制宜的智慧农业实践路径。以下从鲁西北粮食主产区、胶东半岛果蔬产业和沂蒙山区特色农业三个方面，详细介绍智慧农业在区域实践中的成功案例。

5.3.1 鲁西北粮食主产区的智慧农业应用

鲁西北地区地势平坦，土壤肥沃，光照充足，适合大规模种植小麦和玉米等粮食作物。然而，传统农业生产中存在资源浪费、劳动强度大、病虫害防治效率低等问题，亟须通过智慧农业技术提升生产效率和资源利用率。

该地区在粮食种植过程中，利用土壤传感器实时监测土壤养分含量，结合大数据分析制定精准施肥方案，避免过量施肥，降低成本。通过安装土壤湿度传感器和智能灌溉系统，根据作物需水量精准控制灌溉时间和水量，节约水资源。推广无人机喷洒农药技术，覆盖面积广、效率高，减少了农药使用量，降低了环境污染。引入无人驾驶拖拉机、播种机和收割机，实现耕种、播种和收获的全程机械化和智能化，大幅降低劳动强度，提高生产效率。利用物联网技术和远程监控设备，实时监测农田病虫害情况，结合大数据分析进行预警，及时采取防治措施，减少粮食损失。建立区域智慧农业管理平台，整合土壤、气候、作物生长等数据，为农户提供精准的种植建议和管理方案。应用智慧农业后，该区粮食产量显著提高，单位面积产量比传统种植方式提高了10%～15%。水资源和化肥使用量分别减少了30%和20%，实现了绿色农业发展，劳动强度大幅降低，农民收入显著增加，为全国粮食主产区的智慧农业发展提供了可复制的经验。

5.3.2 胶东半岛果蔬产业的智慧化升级

胶东半岛地区气候温和湿润，土壤条件优越，适合种植苹果、葡萄、樱桃等高附加值水果以及多种蔬菜。然而，果蔬种植对环境条件要求较高，传统种植方式难以满足高品质果蔬生产的需求，智慧农业技术的引入为产业升级提供了新路径。

该地区在智能温室与设施农业中采取了环境自动化控制，在果蔬种植中广泛应用智能温室技术，通过传感器和自动化控制系统，实时调节温湿度、光照和二氧化碳浓度，优化作物生长环境。还采取了水肥一体化技术，结合精准灌溉和施肥系统，根据作物生长需求精准输送水分和养分，提高资源利用效率。并利用无人机对果园进行航拍，监测果树生长情况和病虫害分布，及时采取防治措施。应用采摘机器人，提高果实采摘效率，降低人工成本。安装传感器监测果树的生长状态，结合大数据分析制定精准管理方案。最后利用区块链技术建立果蔬质量追溯系统，实现从种植到销售的全程可追溯，提升产品的市场竞争力。胶东半岛地区还积极打造"烟台苹果""青岛葡萄"等区域特色品牌，通过电商平台和直播带货拓展市场，增加农民收入。

5.3.3 沂蒙山区特色农业的智慧化探索

沂蒙山区农业生产条件相对较差，但特色农业资源丰富，如茶叶、中药材、核桃、板栗等经济作物。传统农业生产中，山区地形限制了机械化的推广，生产效率较低，智慧农业技术的引入为山区特色农业的发展提供了新机遇。

针对山区地形复杂的特点，推广小型无人机、精准施肥设备和小型机械化设备，适应小规模农业生产需求。应用便携式土壤传感器和气象监测设备，实时监测土壤和气候条件，为农户提供精准种植建议。结合智慧农业技术发展生态种植模式，减少化肥和农药的使用，保护土壤和水资源。利用物联网技术监测作物生长状态，优化种植管理，提高作物品质。通过智慧农业技术提升特色农产品的品质，打造区域特色品牌，如"蒙山茶""沂蒙山核桃"等。借助电商平台和直播带货，拓展特色农产品的销售渠道。打造智慧农业示范园区，结合乡村旅游发展，吸引游客体验现代农业，增加农民收入。举办农业科普活动和农产品采摘节，提升区域农业的附加值，沂蒙山区已成为智慧农业与生态农业结合的典范，为其他山区农业发展提供了借鉴。

山东省智慧农业的区域实践通过鲁西北粮食主产区的精准农业应用、胶东半岛果蔬产业的智慧化升级和沂蒙山区特色农业的智慧化探索，形成了因地制宜、各具特色的发展模式。这些成功案例不仅推动了区域农业的现代化和高质量发展，还为全国智慧农业的发展提供了宝贵经验和示范样板。

5.4 区域实践的经验总结与推广路径

山东省智慧农业的区域实践在不同地区形成了多样化的发展模式和成功经验。这些经验不仅推动了区域农业的现代化和高质量发展，也为全国智慧农业的推广提供了宝贵的借鉴。同时，区域间的协同发展机制也为智慧农业的全面推广和资源整合提供了重要保障。

5.4.1 区域智慧农业发展的成功经验

山东省根据不同区域的资源禀赋、地形地貌和产业结构，因地制宜地制定智慧农业发展策略。在鲁西北平原地区，重点发展精准农业技术，提升粮食生产效率；在胶东半岛地区，推动果蔬产业的智慧化升级，打造高附加值农业；在沂蒙山区，结合生态保护发展特色农业的智慧化管理。这种因地制宜的发展模式有效发挥了区域资源优势，避免了"一刀切"的发展模式。其推广意义在于因地制宜是智慧农业发展的核心原则，其他地区在推广智慧农业时也应充分考虑区域特点，制定适合本地的技术应用方案。

在技术与产业深度融合上，山东省注重将智慧农业技术与农业产业链深度融合，实现从生产到加工、销售的全链条智慧化。寿光蔬菜智慧农业园区，通过智能温室技术提升蔬菜种植效率，同时发展农产品加工和冷链物流，实现全产业链整合。胶东半岛果蔬产业，通过农产品质量追溯系统和品牌化建设，提升果蔬的市场竞争力。技术与产业的深度融合不仅提升了农业生产效率，还增加了农产品的附加值。其推广意义在于智慧农业技术的应用应与产业链发展相结合，推动农业全产业链的智慧化升级，提升农业综合效益。

在推广智慧农业示范园区上，山东省通过建设智慧农业示范园区，集中展示和推广先进技术。寿光市的蔬菜智慧农业园区成为全国智慧农业的标杆；临沂市的智慧农业示范园区结合乡村旅游，推动了智慧农业技术的普及；示范园区不仅是技术应用的试验场，也是技术推广和培训的重要平台。

在政府支持与多方协作上，山东省政府通过财政补贴、技术培训和政策引导，降低了智慧农业技术的应用门槛。企业、高校和科研机构共同参与智慧农业技术的研发和推广，政府、企业和农户之间的协作机制有效推动了智慧农业的普及，为农业现代化提供技术支撑。其推广意义在于政府在智慧农业发展中发挥主导作用，鼓励企业和科研机构参与，形成多方协作的良性机制。

在数字化与品牌化结合上，山东省注重将智慧农业与数字化营销和品牌化建设相结合。胶东半岛果蔬产业通过电商平台和直播带货拓展市场，沂蒙山区特色农产品通过智慧农业技术提升品质打造区域品牌。数字化和品牌化的结合不仅拓宽了农产品的销售渠道，还提升了产品的市场竞争力。区域智慧农业发展的成功经验和推广意义见表5-4。

表5-4 区域智慧农业发展的成功经验和推广意义

类　　别	成功经验	推广意义
因地制宜发展策略	鲁西北平原：精准农业技术提升粮食生产效率；胶东半岛：果蔬产业智慧化升级；沂蒙山区：特色农业智慧化管理	因地制宜是智慧农业发展的核心原则，其他地区应结合区域特点制定技术应用方案

（续）

类　　别	成功经验	推广意义
技术与产业深度融合	寿光蔬菜智慧农业园区：智能温室技术提升种植效率，发展加工和冷链物流；胶东半岛：质量追溯系统和品牌化建设	智慧农业技术应与产业链结合，推动全产业链智慧化升级，提升农业综合效益
示范园区推广作用	寿光市蔬菜智慧农业园区：全国标杆；临沂市智慧农业示范园区：结合乡村旅游推广技术	示范园区是技术应用、推广和培训的重要平台，应建设更多示范园区以普及智慧农业技术
政府支持与多方协作	政府提供财政补贴、技术培训和政策引导；企业、高校、科研机构参与技术研发和推广	政府应发挥主导作用，鼓励企业和科研机构参与，形成多方协作的良性机制
数字化与品牌化结合	胶东半岛果蔬产业：电商平台和直播带货拓展市场；沂蒙山区特色农产品：智慧农业技术提升品质打造区域品牌	数字化和品牌化结合拓宽销售渠道，提升市场竞争力，应推广数字化营销和品牌化建设

5.4.2　区域间智慧农业协同发展的机制

智慧农业的发展不仅需要区域内的因地制宜，还需要区域间的协同合作。山东省在智慧农业的区域协同发展中探索出了一套有效的机制，为智慧农业的全面推广提供了重要保障。

在区域间资源共享机制上，建立区域间的资源共享平台，实现技术、设备、数据和经验的共享。鲁西北平原地区的精准农业技术可以推广到其他粮食主产区、胶东半岛的智能温室技术可以为其他果蔬种植区提供参考。以上可以通过资源共享，避免了重复建设和资源浪费。实施路径可以通过建立省级智慧农业资源共享平台，整合各区域的技术和经验。鼓励区域间的技术交流和合作，推动智慧农业技术的跨区域应用。

在区域间技术推广与培训机制上，通过区域间的技术推广和培训，提升农民和农业从业者的技术水平。寿光市的智慧农业示范园区定期举办技术培训，为全省农民提供学习机会；胶东半岛的果蔬种植技术通过合作社和企业推广到其他地区，技术推广和培训机制有效提升了智慧农业技术的普及率。实施路径可以通过建立区域间的技术推广中心，组织技术交流会和培训活动。鼓励农业龙头企业和科研机构参与技术推广，为农民提供技术支持。

在区域间产业协同发展机制上，通过区域间的产业协同发展，推动农业全产业链的智慧化升级。鲁西北地区的粮食生产与胶东半岛的农产品加工和物流形成协同发展；沂蒙山区的特色农产品通过胶东半岛的电商平台拓展市场，区域间的产业协同发展有效提升了农业综合效益。实施路径可以通过建立区域间的产业协同发展联盟，推动农业全产业链的整合，并鼓励区域间的企业合作，共同开发市场和技术。

在区域间政策协调机制上，通过区域间的政策协调，形成智慧农业发展的合力。各区域在智慧农业补贴政策上实现统一，避免政策差异导致的不公平竞争。并通过省级政府的统筹协调，推动区域间的资源整合和技术共享。因此政策协调机制为智慧农业的区域协同发展提供了制度保障。实施路径：可以建立省级智慧农业发展协调委员会，统筹各区域的政策制定和实施以及定期召开区域间的政策协调会议，解决智慧农业发展中的跨区域问题。区域智慧农业协同发展的机制见表 5-5。

表 5-5　区域智慧农业协同发展的机制

类　　别	内　　容	实施路径
区域间资源共享机制	鲁西北平原精准农业技术推广到其他粮食主产区；胶东半岛智能温室技术为其他果蔬种植区提供参考	建立省级智慧农业资源共享平台，整合技术、设备、数据和经验，鼓励区域间技术交流和合作
区域间技术推广与培训机制	寿光市示范园区定期举办技术培训；胶东半岛果蔬种植技术通过合作社和企业推广到其他地区	建立区域间技术推广中心，组织技术交流会和培训活动，鼓励农业龙头企业和科研机构参与技术推广
区域间产业协同发展机制	鲁西北地区的粮食生产与胶东半岛的加工物流协同；沂蒙山区特色农产品通过胶东半岛电商平台拓展市场	建立区域间产业协同发展联盟，推动农业全产业链整合，鼓励区域间企业合作开发市场和技术
区域间政策协调机制	各区域智慧农业补贴政策统一，避免不公平竞争；省级政府统筹协调区域间资源整合和技术共享	建立省级智慧农业发展协调委员会，统筹政策制定和实施；定期召开区域间政策协调会议，解决跨区域问题

山东省智慧农业的区域实践积累了丰富的成功经验，包括因地制宜的发展策略、技术与产业的深度融合、示范园区的推广作用以及政府与多方协作的机制。这些经验为智慧农业的推广提供了重要参考。同时，区域间的协同发展机制通过资源共享、技术推广、产业协同和政策协调，推动了智慧农业的全面发展。未来，这些经验和机制可以在全国范围内推广，为我国农业现代化和高质量发展提供有力支撑。

5.5　小结

本章总结归纳了山东省智慧农业的区域实践与典型模式，从区域特点、典型模式、成功案例及经验总结等多个方面进行了深入分析。探讨了山东省农业资源禀赋与区域差异，指出不同区域在智慧农业发展中的重点方向。例如，鲁西北粮食主产区以精准农业技术为核心，胶东半岛果蔬产业注重智能温室技术的应用，而沂蒙山区则聚焦特色农业的智慧化探索。这些区域特点为智慧农业的因地制宜发展提供了重要依据。详细介绍了山东省智慧农业的典型模式，包括农业园区智慧化管理模式、农业合作社与智慧农业结合模式以及智慧农业与家庭农场的融合模式。这些模式通过技术应用、产业链整合和资源优化，显著提升了农业生产效率和经济效益，为其他地区提供了可复制的成功经验。此外，本章通过分析鲁西北、胶东半岛和沂蒙山区的成功案例，展示了智慧农业在不同区域的实际应用效果，进一步验证了智慧农业在推动农业现代化中的重要作用。在经验总结与推广路径方面，本章提炼了区域智慧农业发展的成功经验，并提出了区域间智慧农业协同发展的机制，强调通过资源共享、技术交流和经验借鉴，推动智慧农业在全省范围内的均衡发展。

6 山东省智慧农业的政策支持与实施效果评估

在推动智慧农业发展的过程中，政策支持发挥了至关重要的作用。山东省作为我国农业大省，面对农业现代化和可持续发展的新要求，积极制定和实施了一系列政策措施，以促进智慧农业的技术创新、产业升级和市场拓展。这些政策不仅为智慧农业的发展提供了资金、技术和人才等多方面的支持，还通过建立健全的政策体系，营造了良好的发展环境。政策的引导和支持，使得智慧农业在山东省得以快速发展，推动了农业生产方式的转变，提高了资源利用效率，促进了农业的绿色和可持续发展。

具体而言，山东省的政策支持主要体现在几个方面：首先，政府通过财政补贴、税收优惠和项目资金等方式，鼓励企业和农户投资智慧农业技术，降低了技术应用的门槛；其次，政策引导科研机构和高校加强智慧农业技术的研发与推广，推动了产学研结合，提升了技术创新能力；再次，政策鼓励农业合作社和龙头企业参与智慧农业建设，推动了农业生产的规模化和集约化发展。这些政策措施的实施，显著提升了山东省智慧农业的整体水平，推动了农业生产效率的提高和农民收入的增加。然而，在政策实施过程中也存在一些问题，如政策的针对性和灵活性不足、资金使用效率不高、技术推广与实际需求脱节等。这些问题在一定程度上制约了智慧农业的进一步发展。因此，针对这些问题，亟须对政策实施效果进行系统评估，分析其在实际应用中的成效与不足，并提出相应的改进方向。

本章将从政策支持对智慧农业发展的推动作用入手，评估山东省智慧农业政策实施的效果，深入分析政策实施中存在的问题及其影响因素，并提出完善智慧农业政策体系的建议。通过系统研究，旨在为山东省智慧农业的可持续发展提供理论支持和实践指导，确保政策能够更好地服务于智慧农业的长远发展目标。

6.1 政策支持对智慧农业发展的推动作用

政策支持是推动智慧农业发展的重要驱动力，为智慧农业的技术创新、产业升级和推广应用提供了强有力的保障。近年来，国家和山东省地方政府高度重视智慧农业的发展，通过出台一系列政策措施，从顶层设计到地方实践，为智慧农业的快速发展奠定了坚实基础。国家层面的政策为山东省智慧农业的发展提供了方向性指导和资源支持，而山东省结合自身农业资源禀赋和产业特点，创新性地制定了地方政策，形成了具有区域特色的智慧农业发展模式。以下从国家政策和山东省地方政策两个方面，具体分析政策支持对智慧农业发展的推动作用。

6.1.1 国家政策对山东省智慧农业的影响

国家政策为山东省智慧农业的发展提供了战略指引和政策保障。近年来，国家出台了一系列关于智慧农业和农业现代化的政策文件，如《"十四五"全国农业农村信息化发展规划》《数字乡村发展战略纲要》《关于加快推进农业农村现代化的意见》等。这些政策明确提出要加快智慧农业技术的研发与推广，推动农业生产的数字化、智能化和精准化发展，为各地智慧农业的发展提供了顶层设计和发展方向。这些政策不仅为农业发展提供了清晰的目标和方向，也为地方政府和农民提供了实施智慧农业的理论依据和实践指南。在这样的政策背景下，山东省作为农业大省，积极响应国家号召，结合自身实际情况，制定了相应的地方政策和实施方案，以确保国家政策在地方的有效落地和实施。

在国家政策的引导下，山东省智慧农业得到了多方面的支持。一是资金支持，国家通过专项资金、财政补贴和农业项目资金等形式，为山东省智慧农业的技术研发、基础设施建设和示范项目提供了重要保障。农业农村部支持的"数字农业创新应用试点项目"在山东省多个地区落地，为智慧农业的推广提供了示范效应。这些资金的投入不仅加速了新技术的研发和应用，还促进了农业基础设施的改善，提高了农业生产的整体效率。二是技术支持，国家层面推动的农业科技创新计划和智慧农业技术标准化建设，为山东省智慧农业技术的研发和应用提供了技术指导和规范。通过建立技术标准，确保了智慧农业项目的实施质量，推动了各类新技术的有效应用。此外，国家还鼓励科研机构与地方农业生产者合作，推动科研成果的转化和应用，使得山东省的智慧农业技术能够与时俱进，满足市场和生产的需求。三是政策协同，国家政策与山东省地方政策形成联动效应，推动了智慧农业在山东省的全面发展。地方政府结合国家政策，制定了一系列配套措施，鼓励农民和农业企业积极参与智慧农业项目，从而形成了良好的政策环境和发展氛围。

通过国家政策的支持，山东省智慧农业在精准农业、智慧温室、智能养殖等领域取得了显著成效，形成了一批具有全国影响力的智慧农业示范项目。在精准农业方面，山东省通过引入先进的传感器技术、无人机监测和大数据分析，实现了对土壤、气候和作物生长的实时监控，帮助农民科学制定种植方案，大幅提高了农作物的产量和质量。在智慧温室领域，山东省的多个示范项目通过智能化控制系统，实现了温室内温度、湿度、光照等环境因素的自动调节，显著提升了蔬菜和水果的生产效率。同时，智能养殖技术的推广使得养殖户能够通过数据监测和分析，优化饲养管理，提高动物的生长速度和健康水平。这些成效不仅提升了山东省的农业生产效率，也为提升农民收入和改善农村经济结构创造了条件。此外，国家政策的引导也促使山东省在智慧农业领域不断探索创新，为全国智慧农业的发展提供了经验借鉴。山东省在智慧农业示范区的建设中，积极探索"互联网＋农业"的新模式，通过电商平台实现农产品的直销，缩短了农民与消费者之间的距离，提高了农民的收益水平。这些成功的经验为其他地区的发展提供了宝贵的参考，推动了全国范围内智慧农业的推广和应用。

通过资金、技术和政策的多重支持，山东省在智慧农业的各个领域取得了显著成效，为农业现代化和农村经济发展注入了新的活力。在未来的发展中，山东省将继续秉承国家政策的指导，结合地方实际，不断优化智慧农业的发展策略，推动农业与科技的深度融合，实现可持续发展目标。同时，山东省还将加强与其他省份的交流与合作，共同探索智慧农业的新模式和新路径，推动全国农业的现代化进程。随着智慧农业的不断发展，预计山东省将成为全国智慧农业的示范区，为实现乡村振兴战略目标贡献更大的力量。

6.1.2　山东省地方政策的创新与实施

在国家政策的指导下，山东省结合自身农业资源禀赋和产业特点，创新性地制定了一系列地方政策，推动智慧农业在全省范围内的快速发展。山东省的地方政策不仅注重智慧农业技术的研发与推广，还注重产业链的延伸和区域特色的发挥，形成了具有地方特色的智慧农业发展模式。首先，山东省在政策制定上注重创新性和针对性。为适应新时代农业发展的要求，山东省出台了《山东省智慧农业发展规划（2021—2025年）》《山东省数字农业农村发展行动计划》《关于加快推进智慧农业发展的实施意见》等政策文件，这些政策明确了智慧农业发展的目标、重点任务和保障措施。这些政策文件不仅从顶层设计上为智慧农业的发展提供了方向，还结合山东省的实际情况，提出了具体的实施路径，如推动智慧农业与乡村振兴战略的深度融合、支持智慧农业示范园区建设、鼓励智慧农业企业发展等。通过这些政策，山东省力求在智慧农业领域形成一套完整的政策体系，以指导和推动各项工作的开展。

在政策实施过程中，山东省还特别强调了与地方特色相结合的原则。山东省拥有丰富的农业资源和多样的农产品，地方政策在制定时充分考虑了这些特点。针对山东省的特色农产品如苹果、葡萄、蔬菜等，政策鼓励利用智慧农业技术进行精准种植和管理，以提高产品的市场竞争力。同时，山东省还注重推动农业与旅游、文化等产业的融合发展，鼓励发展农业观光、休闲农业等新业态，提升农村经济的整体水平。这种多元化的发展模式不仅丰富了农民的收入来源，也为农村的可持续发展奠定了基础。此外，山东省还积极探索智慧农业与生态农业的结合，推动绿色发展理念的落实。通过实施生态友好的农业生产方式，山东省在保护生态环境的同时，实现了农业的高效生产，形成了良性循环。

山东省在政策实施上注重实践性和落地性。一方面，通过财政支持和专项资金，推动智慧农业项目的落地实施。山东省设立了智慧农业专项资金，用于支持智慧农业技术研发、基础设施建设和示范项目推广。这些资金的投入为智慧农业的发展提供了强有力的经济保障，使得各项技术和项目得以顺利实施。另一方面，山东省通过试点示范带动全省发展，在寿光、潍坊、青岛等地建设了一批智慧农业示范园区和试点项目，涵盖智慧温室、精准农业、智能养殖等多个领域。这些示范项目不仅为全省智慧农业的发展提供了可复制、可推广的经验，也为农民和企业提供了学习和借鉴的机会，促进了智慧农业技术的快速普及。此外，山东省还通过政策激励机制，鼓励企业、科研机构和农户参与智慧农业建设。通过税收优惠、贷款贴息等政策措施，降低了智慧农业技术应用的门槛，激发了市场主体的积极性。这种政策激励使得更多的企业和农民愿意投入智慧农业的建设中，从而推动了整个行业的发展。然而，在政策实施过程中，山东省智慧农业的发展也面临一些挑战和问题。首先，政策覆盖面不均，部分地区受资源和技术条件的限制，未能充分受益于智慧农业政策的支持，导致区域发展不平衡。尤其是在一些偏远地区，农民对智慧农业的认知和接受度较低，导致政策的实施效果大打折扣。其次，资金使用效率有待提高，部分项目因管理不善或执行力度不足，导致资金未能发挥应有的效益。此外，技术推广与农户需求脱节也是一个亟待解决的问题。虽然智慧农业技术在一些地方取得了显著成效，但在推广过程中，部分农户对新技术的接受度不高，导致技术应用效果不理想。农民在实际生产中往往面临着技术复杂、操作难度大等问题，这使得他们在应用新技术时感到困惑和无助。因此，后续章节将进一步分析这些问题，并提出相应的改进建议。山东省智慧农业政策实施与挑战分析见表6-1。

表 6-1　山东省智慧农业政策实施措施与挑战分析

政策方面	实施措施	面临的挑战
政策创新性与针对性	① 制定《山东省智慧农业发展规划（2021—2025 年）》等政策文件，明确发展目标和重点任务 ② 支持智慧农业与乡村振兴战略的深度融合，鼓励示范园区建设	① 部分地区由于资源和技术条件限制，未能充分受益于政策支持 ② 农民对智慧农业的认知和接受度较低
地方特色与产业链延伸	① 针对特色农产品（如苹果、葡萄、蔬菜），鼓励精准种植和管理 ② 促进农业与旅游、文化等产业的融合发展	① 技术推广与农户需求脱节，部分农户对新技术接受度不高 ② 农民在实际生产中面临技术复杂、操作难度大等问题
实践性与落地性	① 设立智慧农业专项资金，支持技术研发和基础设施建设 ② 建设智慧农业示范园区，推广成功经验 ③ 通过税收优惠、贷款贴息等政策激励市场主体参与	① 资金使用效率有待提高，管理不善导致资金未能发挥应有效益 ② 区域发展不平衡，部分偏远地区发展滞后

　　为了解决这些问题，山东省需要在政策实施过程中加强对各地的指导和支持，确保政策的全面覆盖和有效落实。政府应加强与农民的沟通，了解他们的实际需求，从而更好地调整和优化政策措施。此外，建立健全资金使用的监督机制，提高资金使用的透明度和效率，也是提升政策实施效果的重要举措。通过这些努力，山东省的智慧农业将在未来实现更高质量的发展，为农业现代化和乡村振兴战略的实施提供坚实的基础。同时，山东省还应加强对智慧农业技术的研发投入，鼓励高校和科研机构与农业生产者的合作，推动新技术的应用和推广。通过建立产学研结合的机制，促进科技成果的转化，提升农业生产的科技含量和附加值。山东省在国家政策的指导下，通过创新性地方政策的制定和实施，推动了智慧农业的快速发展。尽管在实施过程中面临一些挑战，但通过不断优化政策、加强技术推广和提升农民素养，山东省的智慧农业将实现更高水平的发展，为农民创造更美好的生活。未来，山东省将继续探索智慧农业的新模式，推动农业与科技、生态、文化等多方面的深度融合，努力实现农业的可持续发展，为全国智慧农业的发展提供有力的支持和借鉴。

6.2　智慧农业政策实施的效果评估

　　智慧农业政策的实施为山东省农业现代化发展注入了强劲动力，在农业生产效率提升、农民收入增加和生活水平改善等方面取得了显著成效。通过政策引导和支持，智慧农业技术得以广泛应用，推动了农业生产方式的转型升级，促进了农业资源的高效利用和农产品质量的提升。同时，智慧农业政策的实施也为农民带来了更多的经济收益和生活改善的机会，助力乡村振兴战略的深入推进。以下从农业生产效率的提升、农民收入与生活水平的改善、农业生态环境的优化 3 个方面，具体评估智慧农业政策的实施效果。

6.2.1 农业生产效率的提升

智慧农业政策的实施显著提升了山东省农业生产的效率和质量。随着全球农业面临的挑战日益增加，传统的农业生产方式已难以满足现代社会对高效、可持续农业的需求。山东省通过政策支持，积极推动物联网、大数据、人工智能、遥感技术等智慧农业技术在农业生产中的逐步普及。这些技术的引入，推动了农业生产从传统的经验型向数据驱动型、精准化和智能化方向转变。精准农业技术的应用，如精准施肥、精准灌溉和精准病虫害防控，通过实时监测土壤、气候和作物生长状况，科学制定农业生产方案，大幅减少了化肥、农药和水资源的浪费。在山东寿光的智慧温室中，传感器和自动化控制系统使农户能够实时调节温度、湿度和光照条件，实现了蔬菜种植的高效管理。这种高效管理不仅提高了单位面积的产量，还改善了作物的品质，使得农民能够在市场上获得更高的经济回报。同时，随着消费者对食品安全和质量的关注增加，智慧农业技术的应用也为农产品的品牌建设提供了支持。通过实施农产品质量追溯体系，消费者可以清晰了解产品的来源和生产过程，从而增强了对山东农产品的信任度，促进了销售。

农业机械化和智能化设备的推广应用也是智慧农业政策的重要组成部分。无人机喷洒农药、自动化播种机和智能收割机等设备的使用，不仅降低了劳动强度，而且提高了作业效率。在潍坊的粮食种植区，智能化农机的普及使播种、施肥和收割的效率提高了 30% 以上，同时降低了人力成本。这种机械化的推广，不仅提升了农业生产的效率，而且使得农民能够将更多的时间和精力投入其他更具价值的农业活动中。此外，智慧农业政策还推动了农产品质量追溯体系的建设，通过物联网和区块链技术，实现了从生产到销售的全流程监控，确保了农产品的质量安全。这种技术的应用不仅提升了农产品的市场竞争力，还增强了消费者对山东农产品的信任度，促进了农产品的销售和品牌建设。通过这些措施，山东省的农业生产不仅实现了数量的增加，更在质量上得到了显著提升，推动了农业的高质量发展。与此同时，政策的实施也促进了农业产业链的延伸，推动了农产品加工、储存和运输等环节的智能化，进一步提升了整体产业的竞争力。

智慧农业技术的推广还显著提高了农业资源的利用效率。通过精准灌溉技术，山东省部分地区的农业用水量减少了 20% ～ 30% ；通过农业废弃物资源化利用政策，畜禽养殖场的粪污处理率大幅提升，推动了农业的绿色发展。这些措施不仅降低了生产成本，而且提高了农业的可持续发展能力，为农业现代化奠定了坚实基础。同时，智慧农业政策的实施还促使农民转变观念，认识到科技在现代农业中的重要性，积极参与到智慧农业的实践中来。通过技术培训和知识普及，农民的科技素养和管理能力得到了提升，能够更加熟练地使用新技术，从而进一步推动农业生产的智能化和高效化。此外，山东省还鼓励农民通过合作社和农业企业共同参与智慧农业项目，形成了良好的合作氛围。这种合作不仅增强了农民的议价能力，还促进了资源的共享和技术的交流，推动了整个农业产业的升级。总体而言，智慧农业政策的实施使山东省农业生产效率显著提升，推动了农业的绿色转型和可持续发展。随着政策的不断完善和技术的持续创新，预计未来山东省的农业生产将更加高效、环保和智能化，为实现农业现代化目标提供强有力的支持。山东省智慧农业政策实施成效分析见表 6-2。

表 6-2　山东省智慧农业政策实施成效分析

政策方面	实施措施	取得成效
技术推广与应用	① 推广物联网、大数据、人工智能、遥感技术等智慧农业技术 ② 实施精准施肥、精准灌溉和精准病虫害防控技术	① 农业生产效率显著提升，单位面积产量和作物品质提高 ② 农民经济回报增加，市场竞争力增强
农业机械化与智能化	① 推广无人机喷洒农药、自动化播种机和智能收割机等设备 ② 建设智慧农业示范园区，进行试点项目推广	① 作业效率提高 30% 以上，降低劳动强度和人工成本 ② 提供可复制的经验，促进技术快速普及
资源利用与绿色发展	① 实施精准灌溉技术，减少农业用水量 ② 推动农业废弃物资源化利用，提高粪污处理率	① 降低生产成本，提升农业可持续发展能力 ② 促进农业绿色转型，推动生态环境保护
农民培训与合作	① 加强对农民的技术培训和知识普及 ② 鼓励农民通过合作社参与智慧农业项目	① 提升农民科技素养和管理能力，增强参与积极性 ② 促进资源共享和技术交流，推动产业升级

　　山东省未来还需继续深化智慧农业政策的实施，关注新技术的研发和应用。通过建立健全技术服务体系，为农民提供及时的技术支持和咨询服务，确保智慧农业技术的有效推广和应用。智慧农业政策的实施为山东省的农业发展

带来了新的机遇和挑战。

6.2.2　农民收入与生活水平的改善

　　智慧农业政策的实施不仅推动了农业生产效率的提升，还直接或间接地改善了农民的收入水平和生活质量。随着政策的支持，智慧农业技术的推广和应用为农民创造了更多的经济收益和发展机会。具体而言，智慧农业技术的应用显著提高了农产品的产量和质量，直接增加了农民的经济收益。在山东省的果蔬种植区，通过智慧农业技术的应用，单位面积的果蔬产量提高了20%～30%。利用精准施肥和智能灌溉技术，农民能够根据作物的实际需求合理配置资源，从而实现高效种植。这种精准化的管理方式不仅提高了作物的生长速度，而且改善了作物的品质，使得农民能够在市场上获得更高的经济回报。此外，高品质农产品的市场价格也显著提升，农民因此获得了更高的销售收入。随着消费者对食品安全和质量的关注增加，优质农产品的需求不断上升。智慧农业政策通过推动农产品质量追溯体系的建设，使得农民能够提供更具市场竞争力的产品。通过物联网和区块链技术，农民可以实现从生产到销售的全流程监控，确保农产品的质量安全。这种透明度不仅提升了消费者对山东农产品的信任度，也为农民开辟了更广阔的市场空间。

　　智慧农业政策还鼓励农民参与农业合作社和智慧农业示范项目，通过规模化经营和品牌化销售，进一步提高了农民的收入水平。合作社的集体力量使得农民能够在市场中占据更有利的位置，增加了议价能力，确保了农民的经济收益稳定增长。通过合作社，农民可以共享资源、技术和市场信息，降低生产成本，提高生产效率。例如，在一些地区，农民通过合作社共同购买种子和肥料，享受批量采购带来的价格优惠，从而降低了生产成本。智慧农业政策推动了农业经营模式的创新，鼓励农民通过"智慧农业＋电商"的方式拓展销售渠道。在山东省部分地区，农民通过智慧农业平台实时监控农产品的生长情况，并通过电商平台直接销售给消费者，减少了中间环节，增加了利润空间。这种新型经营模式不仅提高了农民的收入，还增强了农民对市场的掌控能力。通过直接面向消费者，农民能够更好地了解市场需求，从而调整生产策略，提升产品的市场竞争力。此外，智慧农业政策的实施还带动了相关产业的发展，为农村地区创造了更多的就业机会。智慧农业设备的推广需要专业的技术人员进行操作和维护，智慧农业平台的建设需要数据分析和管理人员，这些都为农村劳动力提供了新的就业方向。同时，政策还鼓励返乡创业，吸引了大量年轻人回到农村从事智慧农业相关工作，推动了农村经济的活力提升。许多年轻人通过学习现代农业技术，成为了农业技术专家或经营管理者，带动了当地农业的发展。这种人才的回流不仅提升了农村的经济活力，也为农村的可持续发展注入了新的动力。

智慧农业政策的实施不仅增加了农民的收入，而且改善了农民的生活条件。通过智慧农业技术的应用，农民的劳动强度显著降低，工作效率提高，农民有更多的时间和精力投入家庭生活和个人发展中。以智能化设备为例，无人机和自动化机械的使用使得农民在田间的工作变得更加轻松，减少了体力劳动的负担。农民可以利用节省下来的时间参与社区活动、学习新技能或照顾家庭，从而提升了生活质量。此外，智慧农业政策推动了农村基础设施的建设，如智慧农业示范园区的建立和农业物联网的普及，为农民提供了更好的生产和生活环境。这些基础设施的改善不仅提升了农业生产的条件，而且改善了农村的居住环境，吸引了更多的人才和资源流入农村。智慧农业示范园区的建设为农民提供了学习和交流的平台，农民可以在这里获取最新的农业技术和管理经验，提升自身的生产能力。智慧农业政策的实施还通过技术培训和知识普及，提高了农民的科技素养和管理能力。山东省政府组织了多次智慧农业技术培训班，帮助农民掌握物联网设备的使用方法和数据分析技能。这不仅提升了农民的生产能力，而且增强了他们适应现代农业发展的能力。总体而言，智慧农业政策的实施为山东省农民带来了显著的经济收益和生活改善，不仅提高了农民的收入水平，而且推动了农村社会的全面进步。这些成效为智慧农业政策的进一步优化和推广提供了有力支持，同时也为实现乡村振兴战略目标奠定了坚实基础。智慧农业政策实施对农民收入和生活质量的影响见表 6-3。

表 6-3　智慧农业政策实施对农民收入和生活质量的影响

领域	具体措施	预期成效
农业生产效率提升	精准施肥和智能灌溉技术	单位面积果蔬产量提高 20%～30%
	农产品质量追溯体系建设	提升农产品市场竞争力
	物联网和区块链技术应用	确保农产品质量安全
收入水平改善	参与农业合作社和示范项目	增加农民的议价能力
	规模化经营和品牌化销售	提高农民的收入水平
	"智慧农业＋电商"销售渠道拓展	减少中间环节，增加利润空间
就业机会创造	推广智慧农业设备和平台	需要专业技术人员，提供新就业方向
	吸引年轻人返乡创业	提升农村经济活力
生活条件改善	降低劳动强度，提高工作效率	农民有更多时间投入家庭和个人发展
	农村基础设施建设	改善居住环境，吸引人才和资源流入
	智慧农业示范园区建设	提供学习和交流平台
农民素养提升	技术培训和知识普及	提高农民科技素养和管理能力
	政府组织智慧农业技术培训班	增强适应现代农业发展的能力

在未来发展中，智慧农业政策还需进一步关注农民的需求和反馈，确保政策的实施能够真正惠及每一位农民。政府应加强对智慧农业技术的研发和推广，鼓励科研机构与农业生产者的合作，推动新技术的应用。同时，政策制定者应关注农村地区的基础设施建设，改善交通、通信等条件，为智慧农业的发展提供良好的环境。此外，政府还应加强对农民的培训和支持，帮助他们掌握新技术，提高生产能力和市场竞争力。

6.2.3 农业生态环境的优化

智慧农业政策的实施不仅显著提升了农业生产效率和农民收入，而且在优化农业生态环境方面发挥了重要作用。通过政策引导和技术支持，山东省在农业生产中逐步实现了资源节约、污染减排和生态修复，推动了农业生产方式从传统的高投入、高消耗向绿色、低碳、可持续方向转变。农业面源污染是影响生态环境的重要问题，主要来源于化肥、农药的过量使用以及畜禽养殖废弃物的随意排放。智慧农业政策的实施，通过精准农业技术的推广和农业废弃物资源化利用的支持，有效减少了农业面源污染。精准施肥和精准灌溉技术的应用，通过物联网传感器和大数据分析，实时监测土壤养分和作物生长状况，科学制定施肥和灌溉方案，避免了化肥和水资源的过量使用。山东省部分粮食种植区通过精准施肥技术，化肥使用量减少了 20%～30%，同时作物产量和品质得到了提升。此外，病虫害监测与防控技术的推广，如无人机喷洒生物农药和智能监测设备实时预警病虫害，减少了化学农药的使用量。在山东省果蔬种植区，智慧农业技术的应用使农药使用量减少了 40% 以上，不仅减少了环境污染，而且提高了农产品的安全性。

智慧农业政策的实施还推动了农业资源的高效利用，减少了资源浪费，保护了农业生态环境。精准灌溉技术，如滴灌、喷灌和智能灌溉系统，通过实时监测土壤湿度和作物需水量，科学调控灌溉频率和用水量，大幅减少了农业用水浪费。在山东省的设施农业中，智慧灌溉技术的应用使农业用水量减少了 30%～50%，有效缓解了农业生产对水资源的压力。同时，政策支持畜禽养殖废弃物和农作物秸秆的资源化利用，推动了农业循环经济的发展。通过政策补贴和技术支持，山东省许多养殖场建设了粪污处理设施，将畜禽粪便转化为有机肥或沼气，实现了废弃物的无害化处理和资源化利用。这种模式不仅减少了环境污染，而且为农业生产提供了优质的有机肥料。此外，土壤改良技术的应用，如精准施肥、有机肥替代化肥、秸秆还田等措施，改善了土壤结构，提升了土壤肥力。山东省部分地区通过智慧农业技术的应用，土壤有机质含量显著提高，土壤酸化和盐碱化问题得到有效缓解。生态农业和绿色农业的发展，通过减少化肥和农药的使用，保护了农业生态系统中的生物多样性。在山东省的部分生态农业示范区，智慧农业技术的应用促进了农田生态系统的平衡，增加了益虫和野生动植物的种类和数量。

智慧农业政策还支持低碳农业技术的研发与应用，如节能型农业机械、太阳能灌溉系统和农业废弃物能源化利用等。山东省部分地区通过推广沼气发电技术，将畜禽粪污转化为清洁能源，减少了化石能源的使用，降低了农业生产的碳排放。此外，碳汇农业的发展，通过推广保护性耕作、农田生态系统碳汇监测等技术，增加了农业生态系统的碳汇能力。山东省部分地区通过智慧农业技术的应用，减少了耕地翻耕次数，增加了土壤有机碳储量，为农业碳中和目标的实现提供了支持。绿色农业标准的制定和推广，为山东省农业绿色品牌的打造提供了重要支撑。通过智慧农业技术的应用，山东省许多农产品实现了全程质量追溯，获得了绿色、有机认证，提升了农产品的市场竞争力。这种绿色品牌的打造不仅促进了农业生态环境的保护，而且增强了消费者对生态农业的认可度。总体而言，智慧农业政策的实施在优化农业生态环境方面取得了显著成效，为农业的可持续发展提供了保障，也为全国农业生态环境的优化提供了可借鉴的经验。然而，在政策实施过程中，仍需进一步加强技术推广的覆盖面和政策执行的针对性，以确保智慧农业在更大范围内发挥生态效益，为实现农业绿色发展和乡村振兴目标奠定坚实基础。

6.3 政策实施中的问题与改进方向

尽管智慧农业政策在推动山东省农业现代化、生态环境优化和农民增收方面取得了显著成效，但在政策实施过程中仍然存在一些问题，制约了智慧农业政策的全面落地和长远发展。这些问题主要体现在政策执行的区域差异性、政策支持与市场需求的匹配度不足，以及政策实施的监督与评估机制不完善等方面。针对这些问题，深入分析其成因并提出改进方向，对于进一步优化智慧农业政策体系、提升政策实施效果具有重要意义。通过加强对不同地区的政策指导、建立健全政策与市场需求的对接机制，以及完善政策实施的监督与评估机制，山东省的智慧农业政策将能够更好地服务于农业现代化和可持续发展目标，推动山东全省农业的高质量发展。

6.3.1 政策执行中的区域差异性问题

山东省内区域农业资源禀赋、经济发展水平和技术应用能力存在显著差异，导致智慧农业政策在不同地区的执行效果不均衡。一些经济发达地区，如青岛、潍坊等地，由于资金充足、技术基础较好，智慧农业政策的实施效果显著，智慧农业技术得到了广泛应用。这些地区不仅拥有较为完善的农业基础设施，还吸引了大量的农业科技企业和科研机构，形成了良好的创新生态。青岛市通过引入先进的物联网技术和大数据分析，成功实现了对农业生产全过程的监控和管理，提升了农作物的产量和质量。潍坊市在智能温室和精准农业方面的探索也取得了显著成效，农民的收入水平明显提高。然而，在一些经济欠发达地区，如鲁西南部分县市，由于财政支持不足、技术推广难度大，智慧农业政策的实施进展缓慢，农民对智慧农业技术的接受度和参与度较低，政策红利难以全面覆盖。这些地区的农民往往缺乏对新技术的认知和理解，导致他们在面对智慧农业技术时感到困惑和无助，进而影响了政策的有效落实。

针对上述问题，改进方向主要有以下几个方面。首先，因地制宜制定区域化政策是关键。针对不同地区的资源禀赋和经济发展水平，制定差异化的智慧农业政策。在经济发达地区，重点支持高端智慧农业技术的研发与应用，鼓励企业和科研机构加大对新技术的投入，推动农业生产的智能化和高效化。而在经济欠发达地区，优先推广成本较低、易于操作的基础性智慧农业技术，如简单的土壤监测设备和低成本的灌溉系统，确保政策覆盖面和公平性。这种差异化的政策设计不仅能够满足不同地区的实际需求，而且能有效提升农民的参与度和技术接受度，推动智慧农业的全面发展。其次，加大对欠发达地区的财政支持也是重要的改进方向。通过专项资金倾斜、财政转移支付等方式，加大对经济欠发达地区的支持力度，帮助其建设智慧农业基础设施，降低技术应用门槛，缩小区域间的政策实施差距。政府可以设立专项资金，用于支持这些地区的农业科技项目，鼓励农民参与智慧农业的培训和技术推广，提升他们的技术应用能力。最后，加强区域间的经验交流与合作是推动智慧农业政策均衡实施的重要手段。通过建立区域合作机制，鼓励发达地区与欠发达地区共享智慧农业技术、管理经验和市场资源，推动全省智慧农业政策的均衡实施。发达地区可以通过技术转让、人才培训等方式，帮助欠发达地区提升技术水平和管理能力。同时，政府可以组织定期的交流活动，促进不同地区之间的经验分享和合作，形成良好的互动机制。此外，鼓励农业合作社和农民专业合作社的成立，促进农民之间的合作与交流，增强他们对智慧农业的认知和参与度。通过这些措施，山东省可以有效缩小区域间的差距，实现智慧农业政策的全面覆盖和均衡发展。山东省在智慧农业政策实施过程中面临的区域差异问题，需要通过制定差异化政策、加大财政支持和加强区域合作等多方面的努力来解决。只有这样才能确保智慧农业政策的红利惠及全省各个地区，推动农业的可持续发展和现代化进程。

6.3.2　政策支持与市场需求的匹配度问题

智慧农业政策的制定和实施过程中，部分政策与市场需求存在脱节现象。一方面，政策支持的重点往往集中在技术研发和示范项目建设上，而对智慧农业技术的推广应用和市场化运营关注不足，导致部分技术"叫好不叫座"，难以在市场中形成规模化应用。许多先进的农业技术虽然在实验室或示范田中表现出色，但在实际推广过程中却面临诸多挑战。例如，某些高端传感器和自动化设备的研发投入巨大，但缺乏有效的市场推广策略和应用场景，导致这些技术未能被广大农民所接受。农民在面对新技术时，往往需要考虑投资回报、操作复杂性以及维护成本等多方面因素。如果政策未能充分考虑这些实际情况，农民的参与积极性将受到影响，进而影响政策的整体效果。此外，政策制定者在设定技术推广目标时，往往忽视了农民的实际需求和经济承受能力，导致一些高成本的智慧农业技术难以被普通农户接受，政策实施效果大打折扣。为了有效解决这一问题，政策制定者需要深入了解农民的实际需求，确保政策能够真正服务于农业生产的实际情况。

针对上述问题，改进方向主要有以下几个方面。首先，加强政策制定中的市场调研至关重要。在政策制定过程中，充分调研市场需求和农民实际情况，确保政策支持的技术和项目能够满足市场需求。通过开展广泛的调研活动，政策制定者可以更好地了解农民在生产过程中遇到的实际问题和对新技术的期望，从而制定出更具针对性的政策。优先支持那些成本低、易推广、适合中小农户使用的智慧农业技术，如简单的土壤监测设备和低成本的灌溉系统。这些技术不仅能够有效提升农业生产效率，而且能减轻农民的经济负担，增强政策的吸引力和适用性。其次，推动智慧农业技术的市场化应用也是重要的改进方向。政府应鼓励企业参与智慧农业技术的推广和服务，通过市场化手段降低技术应用成本，提高技术的可及性和普及率。可以通过设立专项基金，支持企业研发适合中小农户的智慧农业产品，并鼓励企业与农民合作社、农业龙头企业建立合作关系，推动智慧农业技术在农业生产中的规模化应用。通过这种方式，不仅可以提高技术的市场接受度，而且可以促进农业产业链的延伸和升级。此外，政府还可以通过举办技术交流会、展览会等活动，促进农民与技术提供者之间的沟通与合作，帮助农民更好地理解和应用新技术。最后，优化政策补贴机制是提升政策实施效果的关键。针对农民对智慧农业技术的经济承受能力，政府应优化补贴机制，确保政策能够真正惠及广大农民。对中小农户购买智慧农业设备或使用智慧农业服务给予直接补贴，降低农民的经济负担，提高政策的吸引力和适用性。此外，政府还可以考虑设立分级补贴，根据农户的经济状况和技术应用情况，提供不同程度的补贴支持，以确保更多的农民能够参与到智慧农业的实践中来。同时，建立健全的技术服务体系，为农民提供及时的技术支持和咨询服务，帮助他们更好地理解和应用新技术。随着政策的不断完善和技术的持续创新，智慧农业将在山东省的农业发展中发挥越来越重要的作用，为实现农业现代化目标提供坚实的基础。

未来，山东省还需继续深化智慧农业政策的实施，关注新技术的研发和应用。随着科技的不断进步，新的农业技术和管理模式将不断涌现，山东省应积极引入和推广这些新技术，以保持在智慧农业领域的领先地位。同时，政府应加强对农民的培训和支持，帮助他们掌握新技术，提高生产能力和市场竞争力。此外，山东省还应加强与科研机构、高校和企业的合作，推动产学研结合，促进科技成果的转化和应用。通过建立健全的技术服务体系，为农民提供及时的技术支持和咨询服务，确保智慧农业技术的有效推广和应用。

6.3.3 政策实施的监督与评估机制不足

智慧农业政策的实施过程中，监督与评估机制相对薄弱，导致政策执行效果难以全面掌握。一方面，部分政策实施后缺乏系统的跟踪和评估，难以及时发现问题并进行调整。这种情况使得政策的有效性和适应性受到影响，无法根据实际情况进行必要的优化和改进。虽然政策初期设定了明确的目标和预期效果，但在实施过程中却未能建立起有效的监测机制，导致政策执行的偏差未能及时被发现和纠正。另一方面，政策实施的监督机制不够完善，存在资金使用效率低下、项目执行不规范等问题，影响了政策的实际效果。资金的使用往往缺乏透明度，导致部分项目在执行过程中出现资金浪费或挪用现象，进一步削弱了政策的公信力和执行力。这些问题的存在不仅影响了政策的实施效果，而且使得农民对智慧农业政策的信任度降低，进而影响了他们的参与积极性。

针对这些问题，改进方向主要有以下几个方面。首先，建立完善的政策评估体系至关重要。在智慧农业政策实施过程中，建立科学的评估指标体系，从政策覆盖范围、资金使用效率、技术推广效果、生态效益等多个维度对政策实施效果进行全面评估。通过定期发布评估报告，为政策优化提供数据支持，确保政策能够根据实际情况进行调整和改进。可以设定定期评估的时间节点，结合农民的反馈和市场变化，及时调整政策方向和实施策略。其次，加强政策实施的动态监测也是重要的改进方向。利用智慧农业技术，如大数据和物联网，对政策实施过程进行实时监测，及时发现问题并进行调整。通过数据监测了解智慧农业技术的推广进度和应用效果，确保政策目标的实现。这种动态监测不仅可以提高政策实施的透明度，还能为政策的优化提供实时的数据支持，使政策能够更好地适应市场和农民的需求。此外，强化资金使用的监督管理也是提升政策实施效果的关键。建立透明的资金使用监督机制，确保政策资金用于智慧农业技术研发、推广和应用的关键环节，杜绝资金浪费和挪用现象。可以通过第三方审计机构对资金使用情况进行独立审查，提升资金使用效率。这种审计机制不仅可以提高资金使用的透明度，还能增强农民和社会对政策实施的信任感。同时，引入多方参与的监督机制，鼓励农民、企业、科研机构等多方主体参与政策实施的监督，形成政府主导、多方协同的监督机制。建立智慧农业政策实施的公众反馈平台，收集政策实施中的问题和建议，提升政策执行的透明度和公信力。通过这种多方参与的监督机制，可以更好地反映政策实施中的实际问题，促进政策的不断完善和优化。

智慧农业政策的实施在推动山东省农业现代化发展中发挥了重要作用，但在执行过程中仍存在区域差异性、政策与市场需求匹配度不足以及监督与评估机制不完善等问题。针对这些问题，需要通过因地制宜的区域化政策、加强市场调研与技术推广、完善监督与评估机制等措施，进一步优化智慧农业政策体系，提升政策实施效果。通过这些改进措施，智慧农业政策将更好地服务于农业生产、生态环境保护和农民增收，为山东省智慧农业的可持续发展提供有力保障。通过建立健全的政策评估和监督机制，确保政策的有效实施，推动农业的高质量发展，最终实现农民的增收和生态环境的可持续改善。

6.4 完善智慧农业政策体系的建议

智慧农业政策体系是推动农业现代化、提升农业生产效率、优化生态环境和改善农民生活水平的重要保障。然而，当前政策实施过程中存在区域差异性、市场需求匹配度不足以及监督与评估机制不完善等问题，亟须进一步优化政策体系，以更好地适应智慧农业发展的需求。为此，从加强政策的精准性与针对性、构建动态调整机制以及推动政策与市场机制的有机结合 3 个方面提出完善智慧农业政策体系的建议，政策改进方向可见表 6-4。

表 6-4　智慧农业政策改进方向

问题类别	具体问题	改进方向
政策执行中的区域差异性问题	山东省内区域农业资源禀赋、经济发展水平和技术应用能力存在显著差异，导致智慧农业政策在不同地区的执行效果不均衡	① 因地制宜制定区域化政策 ② 加大对欠发达地区的财政支持力度 ③ 加强区域间的经验交流与合作
政策支持与市场需求的匹配度问题	部分政策与市场需求存在脱节，技术"叫好不叫座"，高成本技术难以被普通农户接受	① 加强政策制定中的市场调研 ② 推动智慧农业技术的市场化应用 ③ 优化政策补贴机制
政策实施的监督与评估机制不足	监督与评估机制薄弱，政策执行效果难以全面掌握，资金使用效率低下，项目执行不规范	① 建立完善的政策评估体系 ② 加强政策实施的动态监测 ③ 强化资金使用的监督管理 ④ 引入多方参与的监督机制

（续）

问题类别	具体问题	改进方向
加强政策的精准性与针对性	政策"一刀切"难以满足不同地区的实际需求，政策与农民需求对接不足	① 因地制宜制定区域化政策 ② 聚焦重点领域和关键环节 ③ 加强政策与农民需求的对接
构建智慧农业政策的动态调整机制	政策缺乏动态调整机制，难以适应技术进步、市场需求和生态环境的变化	① 建立政策实施的动态监测系统 ② 定期开展政策评估与优化 ③ 引入多方参与的政策调整机制
推动政策与市场机制的有机结合	政策与市场机制结合不足，难以激发企业、农民和社会资本的积极性	① 鼓励企业参与技术推广 ② 推动市场化运营模式 ③ 优化政策补贴机制 ④ 支持智慧农业企业与电商平台合作

6.4.1 加强政策的精准性与针对性

智慧农业政策的精准性和针对性是确保政策有效落地的关键。由于山东省内各地区农业资源禀赋、经济发展水平和技术应用能力存在显著差异，政策"一刀切"往往难以满足不同地区的实际需求。因此，需要根据区域特点和农业发展现状，制定更加精准、具有针对性的政策措施。

在实施过程中，首先，要因地制宜制定区域化政策。根据山东省不同地区的农业资源条件、产业结构和技术基础，制定差异化的智慧农业政策。在经济发达地区（如青岛、潍坊），重点支持高端智慧农业技术的研发与应用；在经济欠发达地区（如鲁西南），优先推广成本低、易操作的基础性智慧农业技术，确保政策覆盖面和公平性。其次，要聚焦重点领域和关键环节。针对智慧农业发展的薄弱环节和关键领域，集中资源和政策支持。重点支持精准农业技术的推广、农业物联网基础设施的建设以及智慧农业人才的培养，提升政策的针对性和实效性。最后，要加强政策与农民需求的对接。在政策制定过程中，充分调研农民的实际需求和经济承受能力，确保政策支持的技术和项目能够被农民接受和应用。针对中小农户，优先推广低成本、易操作的智慧农业设备，并提供相应的技术培训和服务支持。

6.4.2 构建智慧农业政策的动态调整机制

智慧农业的发展是一个动态变化的过程，技术进步、市场需求和生态环境等因素都会对政策实施效果产生影响。因此，需要建立智慧农业政策的动态调整机制，根据实际情况及时优化政策内容和实施方式，确保政策的持续有效性。

在具体实施措施中，第一，建立政策实施的动态监测系统。利用智慧农业技术（如大数据、物联网）对政策实施过程进行实时监测，收集政策执行中的数据和反馈。通过监测智慧农业技术的推广进度、农民的参与度和生态环境的变化情况，及时发现政策实施中的问题。第二，定期开展政策评估与优化。建立科学的政策评估体系，从政策覆盖范围、资金使用效率、技术推广效果、生态效益等多个维度对政策实施效果进行全面评估。根据评估结果，及时调整政策内容和实施方式。对于效果不佳的政策，及时优化或替代；对于效果显著的政策，加大支持力度。第三，引入多方参与的政策调整机制。在政策调整过程中，充分听取农民、企业、科研机构等多方主体的意见和建议，确保政策调整能够反映实际需求。通过召开政策听证会或建立公众反馈平台，收集政策实施中的问题和改进建议，提升政策调整的科学性和公信力。

6.4.3 推动政策与市场机制的有机结合

智慧农业的发展不仅需要政策支持，还需要充分发挥市场机制的作用。通过政策与市场机制的有机结合，激发企业、农民和社会资本的积极性，推动智慧农业技术的推广应用和产业化发展。政府通过政策引导和资金支持，鼓励农业科技企业参与智慧农业技术的推广和服务。支持企业开发适合中小农户使用的智慧农业设备和服务平台，通过市场化手段降低技术应用成本，提高技术的普及率。推动智慧农业从政策驱动向市场驱动转变，支持智慧农业企业与农民合作社、农业龙头企业建立合作关系，形成"企业＋合作社＋农户"的市场化运营模式。企业提供智慧农业技术和服务，合作社组织农民参与，农户通过技术应用提高生产效率和收益，实现多方共赢。在政策补贴方面，优先支持那些市场需求旺盛、推广潜力大的智慧农业技术和项目。对农民购买智慧农业设备或使用智慧农业服务给予直接补贴，降低农民的经济负担。同时，通过税收优惠、贷款贴息等方式，鼓励企业加大智慧农业技术研发和推广力度。支持智慧农业企业与电商平台合作，拓展农产品销售渠道。通过智慧农业技术实现农产品的全程质量追溯，提升农产品的市场竞争力；通过电商平台直接连接生产者和消费者，减少中间环节，提高农民收益。

完善智慧农业政策体系是推动山东省智慧农业高质量发展的重要保障。通过加强政策的精准性与针对性，确保政策能够因地制宜、满足不同区域和农民的实际需求；通过构建动态调整机制，确保政策能够适应智慧农业发展的变化；通过推动政策与市场机制的有机结合，激发市场主体的积极性，推动智慧农业技术的推广和产业化发展。这些措施将进一步提升智慧农业政策的实施效果，为山东省智慧农业的可持续发展提供有力支撑，同时为全国智慧农业政策体系的优化提供经验借鉴。

6.5 小结

本章总结归纳了智慧农业政策实施的效果、问题及改进方向，从生产效率提升、农民收入改善、生态环境优化以及政策实施中的问题等多个方面进行了全面分析。首先，本章探讨了智慧农业政策在提升农业生产效率方面的显著成效，指出通过精准农业技术、智能设备和数据驱动的决策支持，农业生产效率得到了显著提高。其次，智慧农业政策的实施有效改善了农民收入与生活水平，通过拓宽销售渠道、提高产品附加值和降低生产成本，农民的经济状况得到了明显改善。此外，智慧农业政策在优化农业生态环境方面也发挥了重要作用，通过精准施肥、智能灌溉和病虫害防治，减少了资源浪费和环境污染，推动了农业的可持续发展。指出了政策实施过程中存在的问题，如区域差异性问题、政策支持与市场需求的匹配度问题以及政策实施的监督与评估机制不足等。这些问题在一定程度上影响了智慧农业政策的实施效果和推广范围。针对这些问题，本章提出了完善智慧农业政策体系的建议，包括加强政策的精准性与针对性、构建智慧农业政策的动态调整机制以及推动政策与市场机制的有机结合。这些建议为智慧农业政策的优化和调整提供了明确的方向。

　　智慧农业作为现代农业发展的重要方向，不仅在提升农业生产效率和经济效益方面发挥了重要作用，还在促进生态环境保护和实现农业可持续发展中展现出巨大潜力。山东省作为我国农业大省，在智慧农业的推广和实践中，逐步探索出一条绿色、高效、可持续的发展路径。通过物联网、大数据、人工智能等技术的应用，智慧农业有效减少了化肥、农药和水资源的过度使用，降低了农业生产对生态环境的负面影响。同时，智慧农业与绿色农业的深度结合，为山东省农业的绿色转型提供了技术支撑和实践经验，推动了农业生产方式从资源消耗型向资源节约型、环境友好型的转变。这种生态效益不仅体现在农业生产环节的污染减排和资源节约上，而且体现在农业生态系统的修复和生物多样性的保护上。

　　在智慧农业的推动下，山东省逐步实现了农业生产与生态保护的协调发展。通过精准施肥、精准灌溉等技术的应用，大幅减少了农业面源污染；通过智慧化的病虫害监测与防控技术，降低了农药的使用量；通过农业废弃物的资源化利用，推动了农业循环经济的发展。此外，智慧农业还促进了绿色农业标准的制定和推广，为农产品质量安全和生态农业品牌建设提供了保障。这些实践不仅提升了农业的生态效益，也为山东省农业的可持续发展奠定了坚实基础。

　　本章将从智慧农业对生态环境的影响入手，分析其在减少污染、节约资源和保护生态系统方面的作用，探讨智慧农业与绿色农业结合的路径与成效。同时，结合山东省的实践经验，提出智慧农业可持续发展的具体路径，并从社会效益的角度分析智慧农业对农业从业者、消费者和农村社会的积极影响。通过系统研究，全面揭示智慧农业在实现生态效益和推动可持续发展中的重要价值，为山东省乃至全国农业的绿色转型提供理论支持和实践参考。

7.1 智慧农业对生态环境的影响

智慧农业通过应用先进的信息技术和数据分析手段，能够有效减少资源浪费和环境污染。通过精准施肥、灌溉和病虫害管理，农民可以根据作物的实际需求进行管理，从而降低化肥和农药的使用量，减少对土壤和水源的污染。此外，智慧农业还可以通过监测和管理土壤质量，促进土壤的健康和可持续利用，提高农业生态系统的整体效率。山东省在推动智慧农业发展的过程中，注重生态环境保护，努力实现农业生产与生态环境的和谐共生。智慧农业通过现代信息技术的应用，显著改善了农业生产方式，降低了对生态环境的负面影响。

7.1.1 减少资源浪费与环境污染

农业面源污染是山东省农业生态环境面临的主要问题之一，主要来源于化肥、农药的过量使用以及畜禽养殖废弃物的排放。智慧农业利用物联网、传感器和大数据技术，实现了对水、肥、农药等资源的精准管理。通过精准灌溉技术，可以根据土壤湿度和作物需求，合理分配水资源，避免过度灌溉造成水资源浪费；通过精准施肥和病虫害监测技术，可以减少化肥和农药的使用量，从而降低农业面源污染对土壤和水体的破坏。

表 7-1 展示了智慧农业生态系统的构成要素及其相互关系。政府政策支持新技术的研发和应用，技术创新又能推动政策的完善和调整。市场需求影响农民的生产决策，农民的生产方式和产品质量又反过来影响市场供给。农民的知识和技能决定了技术的应用效果，技术的推广需要农民的积极参与和反馈。智慧农业技术的应用有助于改善生态环境，良好的生态环境又为农业生产提供了基础保障。科研机构通过技术研发推动智慧农业的发展，技术的应用效果也为科研提供了实践反馈。

表 7-1　山东省智慧农业生态系统构成要素及其相互关系

要　素	描　　述	相互关系
技　术	包括物联网、人工智能、大数据、无人机、精准农业等技术	技术为农业生产提供数据支持和决策依据，提升资源利用效率和产量
政　策	政府的支持政策、补贴、法规和标准	政策为智慧农业的发展提供保障和激励，促进技术的推广和应用
市　场	农产品市场需求、价格波动、消费者偏好等	市场需求驱动农业生产方式的转变，影响技术的应用和政策的制定
农　民	农民的知识、技能、接受新技术的能力和意愿	农民是智慧农业的实施主体，技术的应用和政策的落实依赖于农民的参与和反馈

（续）

要　素	描　述	相互关系
生态环境	土壤、水源、气候等自然资源和生态系统的健康状况	生态环境影响农业生产的可持续性，智慧农业技术的应用有助于改善生态环境
科研机构	高校、科研院所等进行农业技术研发和推广	科研机构为智慧农业提供技术支持和创新，推动技术的进步和应用

　　智慧农业通过精准化管理和智能化技术的应用，显著减少了资源浪费与环境污染，同时提高了农业生产的生态效率，为农业的可持续发展奠定了基础。根据山东省农业农村厅的统计，2023 年全省智慧农业技术覆盖率达到 45%，其中精准灌溉技术的推广使得全省农业用水总量减少了约 12 亿米³。山东省广泛应用智慧农业中的精准施肥和精准施药技术，通过土壤传感器、无人机和大数据分析，科学监测土壤养分和作物需求，合理控制化肥和农药的使用量，避免过量施用对土壤和水体的污染。山东省部分地区也在积极推广滴灌技术结合物联网系统，实现了水肥一体化管理，大幅减少了水资源浪费和化肥流失。在寿光市的智慧农业示范园区，通过精准灌溉技术，每亩地的灌溉用水量减少了30%，化肥使用量减少了 20%，显著降低了农业生产对环境的负面影响。

　　智慧农业通过无人机巡检、物联网传感器和人工智能分析，能够实时监测病虫害情况，并精准喷洒农药，避免了传统大面积喷洒农药造成的环境污染。无人机搭载高光谱成像技术，可以快速识别病虫害的种类和分布范围，结合精准喷洒技术，仅对受害区域进行处理，减少了农药的使用量。山东省德州市供销合作社通过无人机监测和精准喷洒技术，将农药使用量减少了 40%，同时提高了病虫害防治的效率。智慧农业推动了农业废弃物的循环利用，如秸秆还田、畜禽粪便处理等。山东省部分地区通过智慧农业平台对秸秆进行分类处理，用于生产有机肥或生物质能源，减少了焚烧秸秆对空气的污染。山东省出台了《农业废弃物资源化利用行动计划（2021—2025 年）》，明确提出到2025 年全省农业废弃物资源化利用率达到 85% 以上。在潍坊市，通过智慧农业技术对秸秆进行资源化处理，每年减少了约 50 万吨二氧化碳排放。

7.1.2　提高农业生产的生态效率

　　智慧农业通过优化农业生产过程，显著提升了资源利用效率和生态效率。在中国，水资源相对短缺的地区，尤其是山东省，农业用水效率较低，传统的灌溉方式往往导致水资源的浪费和土壤盐碱化等问题。因此，智慧农业引入了一系列智能化的水资源管理技术，帮助农民更加科学地使用水资源，保护水土环境。精准灌溉技术在山东省的多个农业示范区，如潍坊、德州等地得到了推广。该技术结合了土壤湿度传感器和气象数据，实现了按需供水，避免了传统大水漫灌造成的水资源浪费。通过实时监测土壤的湿度变化，农民能够在适当的时间和地点进行灌溉，确保作物获得所需的水分，同时减少不必要的水分流失。此外，水肥一体化技术也在山东省的果蔬种植中得到广泛应用。这一技术通过智能控制系统，将水和肥料按比例混合后直接输送到作物根部，既节约了水资源，又减少了化肥的流失和对地下水的污染。通过这种方式，不仅提高了作物的生长效率，而且有效保护了土壤和水源的质量。

智慧农业还能够通过实时监测和数据分析，及时发现并解决农业生产中的生态问题，保护农业生态系统的平衡。随着遥感技术和无人机监测的应用，农民能够实时掌握土地利用情况，优化种植结构，避免土地资源的浪费。聊城市通过智慧农业平台对农田进行精准管理，土地利用率提高了 15%，同时减少了因土地闲置造成的资源浪费。这种精准管理不仅提高了土地的使用效率，还为农民带来了更高的经济收益。此外，智慧农业还推广了太阳能、风能等清洁能源在农业生产中的应用，减少了传统能源的消耗。在青岛市某智慧农业园区，太阳能发电系统为温室提供了 80% 的能源需求，每年减少了约 500 吨二氧化碳排放。这种清洁能源的使用，不仅降低了农业生产的碳足迹，而且促进了可再生能源的发展，实现了经济效益与生态效益的双赢。

智慧农业通过生态监测技术，能够及时发现和修复农业生态系统中的问题，保护生物多样性。泰安市通过智慧农业平台监测农田周边的湿地生态系统，发现并修复了多处生态退化区域，保护了当地的生物多样性。智慧农业不仅关注作物的生长，而且关注整个生态系统的健康。通过建立生态监测系统，农民能够实时获得生态环境的变化信息，并根据监测结果采取相应的措施。当监测到某区域的生物多样性下降时，农民可以及时调整种植结构或采取其他生态保护措施，确保农业生产与生态保护的协调发展。智慧农业的实施，使得农业生产不仅是单一的经济活动，还是与环境、社会等多方面相互关联的综合性活动。通过这一系列措施，智慧农业在提升资源利用效率和生态效率方面发挥了至关重要的作用，为实现可持续农业发展提供了强有力的支持。智慧农业在山东省的应用与成效见表 7-2。

表 7-2　智慧农业在山东省的应用与成效

领　域	具体措施	预期成效
水资源管理	精准灌溉技术	提高水资源利用效率，减少水资源浪费
	土壤湿度传感器与气象数据相结合	实现按需供水，避免土壤盐碱化问题
水肥一体化技术	智能控制系统将水和肥料按比例混合	节约水资源，减少化肥流失和对地下水的污染
生态监测	遥感技术与无人机监测	实时掌握土地利用情况，优化种植结构
	智慧农业平台对农田进行精准管理	土地利用率提高 15%，减少资源浪费

（续）

领　域	具体措施	预期成效
清洁能源应用	推广太阳能、风能等清洁能源	减少传统能源消耗，降低碳排放
	太阳能发电系统为温室提供 80% 能源需求	每年减少约 500 吨二氧化碳排放
生态保护	生态监测技术发现并修复生态问题	保护生物多样性，维护生态平衡
	监测农田周边湿地生态系统	发现并修复生态退化区域

7.2　智慧农业与绿色农业的结合

　　智慧农业与绿色农业的结合是实现可持续发展的重要途径。智慧农业技术的应用可以有效支持绿色农业的目标，如减少化学投入、提高资源利用效率和保护生物多样性。利用传感器和无人机技术，农民可以实时监测作物生长状况，及时调整管理措施，减少对环境的负面影响。此外，智慧农业还可以通过数据分析，优化作物轮作和间作模式，进一步提升农业的生态效益，具体可见表 7-3。

表 7-3　智慧农业与绿色农业结合对比

类　别	应用 / 案例	具体措施 / 成果	影响 / 效益
智慧农业在绿色农业中的应用	精准化种植技术	物联网、大数据、传感器技术实时监测土壤养分、气候条件和作物生长状态，科学制定种植方案	减少化肥和农药使用，实现绿色种植，提高资源利用效率
	生物防治技术	结合智慧农业监测系统，减少化学农药使用	保护生态环境，提升农产品品质
	水肥一体化技术	智能灌溉系统按需输送水和肥料	节约水资源，减少化肥流失和对地下水的污染，化肥使用量减少 30%，水资源利用率提高 40%
	智能温室大棚	环境监测系统控制温湿度、光照等条件	实现绿色种植，农药残留量远低于国家标准
	畜禽养殖智能化管理	优化饲料配比，减少养殖废弃物排放	减少抗生素使用，提升畜禽产品绿色品质，饲料利用率提高 20%，废弃物排放量减少 30%
智慧农业助力农业碳中和	有机农产品溯源管理	区块链技术记录生产全过程	确保农产品绿色和有机属性，提升市场竞争力，有机农产品出口量逐年增加

（续）

类　　别	应用 / 案例	具体措施 / 成果	影响 / 效益
智慧农业助力农业碳中和	智能化能源管理	减少农业生产中的能源消耗	降低碳排放，推动农业绿色转型
	农业废弃物资源化利用	推广秸秆还田、沼气发酵等技术	减少温室气体排放，实现废弃物循环利用
	碳监测和碳交易平台	帮助农民参与碳中和行动	推动农业碳中和目标实现
山东省供销合作社的成功案例	临沂市供销合作社	搭建智慧农业综合服务平台，整合农业生产、农资供应、农产品销售数据	覆盖100多个乡镇，服务10万户农民，精准化管理20万亩农田，农资供应成本降低15%～20%，农民购买农资价格下降10%，作物产量提高20%～30%，农药和化肥使用量减少15%～25%，农产品电商平台年销售额超5亿元，秸秆资源化利用减少温室气体排放1.5万吨
	潍坊市寒亭区供销合作社	建立智慧农业示范基地，应用物联网技术和智能灌溉系统	覆盖5万亩农田，化肥使用量减少32%，年均节水25%，碳排放降低28%，带动2 000多户农民参与低碳农业生产，年均产值超1亿元，改善生态环境

7.2.1　智慧农业在绿色农业中的应用

智慧农业通过精准化管理和智能化决策，推动了绿色农业的发展。基于传感器的土壤监测技术，可以帮助农民科学种植，减少对土壤的过度开发；无人机喷洒技术可以精准控制农药的使用范围，避免对非目标区域的污染。山东省在粮食、果蔬等种植领域广泛应用精准化种植技术，通过物联网、大数据和传感器技术，实时监测土壤养分、气候条件和作物生长状态，科学制定种植方案。在寿光市的蔬菜种植中，智慧农业技术帮助农民精准控制水肥用量，减少了化肥和农药的使用，实现了绿色种植。山东省在果园和大田作物中推广生物防治技术，结合智慧农业的监测系统，减少了化学农药的使用，保护了生态环境。在智慧农业与绿色农业结合中，大力推广水肥一体化技术。在潍坊市的智慧农业示范区，水肥一体化技术使化肥使用量减少了30%，水资源利用率提高了40%。山东省部分地区推广的智能温室大棚，通过环境监测系统控制温湿度、光照等条件，实现了绿色种植。在寿光市智能温室中，通过智慧农业技术种植的蔬菜完全符合绿色农业标准，农药残留量远低于国家标准。

智慧农业在畜禽养殖中应用智能化管理系统，优化饲料配比，减少养殖废弃物排放，实现了绿色养殖。山东省部分养殖场通过智慧农业平台监控养殖环境，减少了抗生素的使用，提升了畜禽产品的绿色品质。在滨州市某智慧养殖场，通过智能化管理系统，饲料利用率提高了20%，废弃物排放量减少了30%。通过区块链技术对有机农产品进行溯源管理，提升了绿色农产品的市场竞争力。山东省部分有机农场通过智慧农业平台记录生产全过程，确保了农产品的绿色和有机属性。通过智慧农业技术支持的有机农产品在国内外市场上具有更高的竞争力，山东省的有机农产品出口量逐年增加。

7.2.2　智慧农业助力农业碳中和

智慧农业在推动农业碳中和方面具有重要作用。随着全球气候变化的加剧，农业作为温室气体排放的重要来源之一，面临着巨大的减排压力。智慧农业通过智能化的能源管理系统，能够有效减少农业生产中的能源消耗。智能灌溉系统可以根据土壤湿度和作物需水量，自动调节灌溉时间和水量，避免不必要的水资源浪费，从而降低能源消耗。此外，智慧农业还通过推广农业废弃物资源化利用技术，减少农业废弃物的碳排放。通过将农业废弃物转化为有机肥料或生物质能源，农民不仅能够减少温室气体的排放，还能提高土壤肥力，实现可持续发展。智慧农业的碳监测和碳交易平台也为农民参与碳中和行动提供了便利。农民可以通过这些平台实时监测自身的碳排放情况，并根据市场需求参与碳交易，获得额外的经济收益。这种新型的农业经营模式，不仅推动了农业的绿色转型，也为农民提供了新的收入来源，促进了农村经济的发展。

供销合作社在农业生产、流通和服务中扮演着多重角色，通过整合农民的生产资料和市场需求，优化资源配置，降低生产成本。供销合作社通过集中采购种子、化肥、农药等生产资料，降低农民的采购成本，提高生产效率。同时，供销合作社积极推广智慧农业技术，组织农民进行技术培训，提高农民的生产技能和管理水平。通过举办培训班、现场示范等方式，供销合作社向农民普及精准农业、智能灌溉、病虫害监测等技术，帮助他们提高生产效率和生态效益。此外，供销合作社还为农民提供市场信息和销售渠道，帮助农民拓展市场，提高农产品的附加值。通过建立电商平台、组织农产品展销会等方式，供销合作社帮助农民将优质农产品销售到更广阔的市场。供销合作社在推动农业生产的同时，十分注重生态环境的保护，鼓励农民采用绿色生产方式，减少化肥和农药的使用，推动农业可持续发展。通过推广有机肥、生态种植等方式，供销合作社帮助农民实现绿色生产，提升农产品的市场竞争力。

供销合作社积极推广低碳农业技术，如节水灌溉、精准施肥、生态养殖等，帮助农民减少碳排放。组织农民学习和应用滴灌、喷灌等节水灌溉技术，减少水资源的浪费和碳排放，鼓励农民将农业废弃物进行资源化利用，如秸秆还田、沼气发酵等，减少温室气体排放。供销合作社提供技术指导和设备支持，帮助农民将秸秆转化为有机肥或生物质能源，实现废弃物的循环利用。此外，供销合作社通过建立碳排放监测体系，帮助农民实时监测农业生产中的碳排放情况，为碳中和目标的实现提供数据支持。在智慧农业方面，供销社引入物联网技术，建立碳排放监测平台，帮助农民了解自身的碳排放情况，并制定相应的减排措施。供销社还积极推动绿色农产品的认证与市场准入，鼓励农民生产符合绿色标准的农产品，提高市场竞争力，帮助农民申请有机认证、绿色食品认证等，提升农产品的市场价值。通过这些措施，供销合作社不仅推动了农业的绿色转型，也为实现农业的碳中和目标做出了重要贡献。智慧农业与供销合作社在推动农业碳中和中的作用详见表 7-4。

表 7-4　智慧农业与供销合作社在推动农业碳中和中的作用

领　　域	具体措施	预期成效
智慧农业	智能化能源管理系统	减少农业生产中的能源消耗
	农业废弃物资源化利用技术	减少农业废弃物的碳排放
	碳监测和碳交易平台	帮助农民参与碳中和行动
	精准农业技术（如智能灌溉、病虫害监测）	提高生产效率，减少资源浪费
	物联网技术应用	实时监测碳排放情况
供销合作社	集中采购生产资料	降低农民的采购成本，提高生产效率
	技术培训与推广	提高农民的生产技能和管理水平
	提供市场信息和销售渠道	拓展市场，提高农产品附加值
	推广低碳农业技术（如节水灌溉、精准施肥）	减少碳排放，保护生态环境
	建立碳排放监测体系	提供数据支持，实现碳中和目标

7.2.3　山东省供销合作社的成功案例

　　山东省临沂市供销合作社通过搭建智慧农业综合服务平台，为农民提供精准化、智能化的农业服务。平台整合了农业生产、农资供应、农产品销售等环节的数据，利用物联网、大数据和人工智能技术，实现了农业生产的全流程数字化管理。该平台已覆盖全市 100 多个乡镇，服务农户超过 10 万户，通过物联网设备，实时监测的农田面积超过 20 万亩，实现了精准化管理。合作社采取农资供应链管理方式，通过智慧农资供应链平台，每年为农民提供超过 30 万吨的化肥、农药和种子等农资。并通过精准预测和优化物流，农资供应成本降低了 15%～20%，农民购买农资的价格平均下降了 10%。目前临沂市供销合作社已建设了 30 多个农业物联网示范基地，覆盖蔬菜、水果、粮食等多种作物。通过智慧农业技术，示范基地的作物产量平均提高了 20% ～ 30%，农药和化肥使用量减少了 15% ～ 25%。临沂市供销合作社通过打造农产品电商平台年销售额超过 5 亿元，帮助农民拓宽了销售渠道。建立智慧物流体系使农产品配送时间缩短了 30%，损耗率降低了 10% ～ 15%。合作社通过与当地农民合作，建立了秸秆资源化利用基地，专注于将秸秆进行集中处理，转化为有机肥和生物质能源。每年处理秸秆约 10 万吨，通过秸秆转化项目，减少了温室气体排放约 15 000 吨，促进了当地农业的可持续发展，提高了土壤肥力。

山东省潍坊市寒亭区供销合作社智慧农业综合服务平台建立了 20 多个智慧农业示范基地，示范基地覆盖农田面积超过 5 万亩。通过物联网技术和智能灌溉系统，化肥使用量减少 32%，年均节水 25%，碳排放降低约 28%，带动周边 2 000 多户农民参与低碳农业生产，示范基地年均产值超过 1 亿元，该项目不仅提高了农民的经济效益，而且改善了当地的生态环境。

7.3 智慧农业的可持续发展路径

为了实现智慧农业的可持续发展，需要构建一个综合的智慧农业生态系统。这包括推动农业生产、加工、销售和消费各环节的数字化转型，形成一个高效、透明的农业供应链。同时，鼓励农民和企业采用可再生能源和循环经济模式，减少对化石能源的依赖，降低碳排放量。此外，政府应加强对智慧农业的政策支持，推动相关技术的研发和应用，促进农业的可持续发展。

7.3.1 构建智慧农业生态系统

智慧农业生态系统是一个融合技术、资源和环境的综合体系。通过整合物联网、大数据、人工智能等技术，智慧农业可以实现农业生产的全流程智能化管理。同时，智慧农业生态系统还需要注重生态保护，推动农业生产与自然环境的和谐共生。

智慧农业生态系统是以现代信息技术（如物联网、大数据、人工智能、区块链等）为核心，整合农业生产、农资供应、农产品加工、流通与销售等全产业链环节，形成一个高效、协同、可持续发展的农业生产与服务体系。其目标是通过技术创新和资源整合，实现农业生产的精准化、智能化和绿色化，促进农业经济、社会和生态效益的全面提升。在应对资源环境压力方面，传统农业面临土地、水资源短缺和环境污染等问题，智慧农业生态系统能够通过精准管理和绿色生产方式，减少资源浪费，减轻环境负担。通过智能化技术优化农业生产流程，提高产量和质量，降低成本，并整合农业全产业链，促进农业与科技、金融、物流等领域的深度融合，最终有助于实现农业的经济效益、社会效益和生态效益的平衡发展。

7.3.2　推动智慧农业与循环经济结合

　　智慧农业与循环经济的结合是实现农业可持续发展的重要方向。通过智慧农业技术，农业废弃物可以实现资源化利用，将秸秆转化为有机肥料或生物能源。这种转化不仅减少了农业废弃物对环境的负面影响，而且为农业生产提供了可再生的资源。此外，智能化的农业生产管理能够有效减少资源浪费，推动农业生产的闭环发展，形成一个更加高效和可持续的农业生态系统。

　　在技术集成与创新方面，智慧农业通过整合物联网、大数据和人工智能等先进技术，构建了综合管理平台，实现了农业生产的全流程智能化。以山东省为例，该省通过智慧农业平台实现了从种植到销售的全链条管理，显著提高了农业生产效率。这种全链条管理不仅优化了生产流程，而且增强了农产品的市场竞争力，使得农业生产更加高效和可持续。此外，智慧农业技术还在生态系统监测与修复方面发挥了重要作用。通过实时监测农业生态系统，智慧农业能够及时发现生态问题并采取相应的修复措施，从而保障农业生态系统的健康运行。在山东省的部分地区，智慧农业平台被用于监测土壤质量和水资源状况，及时采取措施修复退化的生态系统。这种监测与修复机制不仅有助于保护生态环境，还能提升农业的可持续发展能力。多方协同发展是推动智慧农业生态系统建设的关键。政府、企业、科研机构和农民之间的协同合作能够形成合力，共同推动智慧农业的发展。山东省出台了多项政策，鼓励智慧农业生态系统的建设，促进各方资源的整合与共享。这种多方协同的模式，不仅提升了农业生产的效率，也为实现农业的可持续发展奠定了坚实的基础。

7.4　智慧农业的社会效益分析

　　智慧农业不仅在生态环境方面具有显著效益，而且能提升农民的生活质量。通过提高生产效率和产品质量，农民的收入水平得以提升，生活条件得到改善。同时，智慧农业的推广有助于促进城乡融合发展，缩小城乡差距。通过信息技术的应用，农民能够更好地获取市场信息，参与到更广泛的市场中，从而实现更高的经济收益。

7.4.1　提升农民生活质量

　　智慧农业通过提高农业生产效率和农产品附加值，直接增加了农民的收入。利用物联网、大数据和人工智能技术，优化种植方案，实现精准施肥、灌溉和病虫害防治，显著提高作物产量和质量。寿光市智慧温室技术使蔬菜产量提高了 20% ～ 30%，每亩年均产值达到 15 万元以上。智慧农业也拓宽了农产品的销售渠道，通过建立农产品电商平台，让农民可以直接对接市场，减少中间环节，获得更高的收益。山东省农产品电商平台年销售额超过 100 亿元，帮助农民实现了农产品的高效流通。智慧农业在提高农业生产效率的同时降低了生产成本，进而增加了农民的收入。同时，智慧农业的推广还为农民提供了更多的就业机会和技能培训，帮助他们适应现代农业的发展需求。此外，智慧农业的智能化管理系统，减轻了农民的劳动强度，提高了农业生产的便利性。

一方面，智慧农业通过自动化和智能化技术，减少了农民的体力劳动，提升了工作效率。智能化农机（如无人驾驶拖拉机、植保无人机）大幅减少了农民的劳动强度，无人机喷洒农药的效率是人工的 30 倍以上。另一方面，智慧温室通过传感器和自动化控制系统，实现了温度、湿度、光照等环境的自动调节，农民无须频繁操作即可管理大面积农田。农民在家里就可以通过手机或电脑实时监控农田状况，远程控制灌溉、施肥等操作，减少了田间劳作的时间和精力。智慧农业的出现也推动了农业技术的普及和农民技能的提升，政府和企业定期组织智慧农业技术培训班，帮助农民掌握物联网、大数据、无人机操作等现代农业技能。山东省每年组织智慧农业培训班超过 200 场次，累计培训农民超过 10 万人次。智慧农业平台为农民提供种植技术指导、市场行情分析、天气预报等信息服务，帮助农民科学决策。山东省齐河县智慧农业大数据平台覆盖全县 3 万户农民，为他们提供精准的种植建议。智慧农业通过增加收入、降低劳动强度、提升技能、改善环境、提供保障和推动社会发展等，显著提升了农民的生活质量。它不仅让农民从繁重的体力劳动中解放出来，还为他们创造了更多的经济和社会机会，为实现乡村振兴和农业现代化提供了有力支撑。

7.4.2　促进城乡融合发展

山东省在智慧农业领域的探索和实践走在全国前列，不仅推动了农业现代化，还在城乡融合发展中发挥了重要作用。通过技术创新、产业联动和资源整合，智慧农业有效缩小了城乡差距，促进了城乡经济、社会和生态的协调发展。

智慧农业整合了农业生产、加工、流通和销售等环节，形成了完整的农业产业链。通过智慧物流、电商平台和农产品溯源体系，农产品从田间到餐桌的效率大幅提升。在山东菏泽市郓城县，智慧农业项目推动了粮食种植、加工和销售的全产业链发展。通过智慧化粮食仓储和物流系统，粮食损耗率降低了15%，农民收入提高了 20%，并带动了当地粮食加工企业的发展。城市资本、技术和市场需求通过智慧农业流向农村，而农村的优质农产品通过智慧物流和电商平台进入城市市场，形成了城乡资源的双向流动。山东临沂市平邑县通过智慧农业平台，将当地的优质苹果、蜜桃等特色农产品销往全国各地，年销售额超过 3 亿元，带动了周边乡镇的经济发展。智慧农业也为年轻人提供了创业平台，如智慧农场、电商创业、农业技术服务等，吸引了大批大学生和技术人员返乡创业。在山东聊城市东阿县，智慧农业项目吸引了超过 500 名大学生返乡创业，发展智慧养殖、智慧种植和农产品电商，带动了当地农村经济的快速发展。智慧农业技术的推广需要大量技术人员和管理人员，为农民提供了更多的就业机会和技能培训。在山东省滕州市，智慧农业培训中心每年为农民提供超过 3 000 人次的技术培训，帮助农民掌握无人机操作、精准施肥等现代农业技能，提升了农民的就业竞争力。智慧农业需要依托互联网和数字化平台，推动了农村地区网络基础设施的建设。在山东省滨州市博兴县，智慧农业项目推动了农村 5G 网络的覆盖，建设了多个智慧农业示范园区，为农民提供了实时监测、远程管理等数字化服务。农产品智慧物流体系的建设，不仅提升了农产品流通效率，还改善了农村的交通和物流条件。山东省泰安市宁阳县通过智慧物流体系，将当地的优质大蒜销往全国各地，物流成本降低了 20%，农民收入显著提高。智慧农业推动了城乡公共服务的共享，如农业技术服务、金融服务、保险服务等，提升了农村居民的生活质量。在山东省济宁市嘉祥县，智慧农业平台为农民提供了农业保险、贷款和技术指导等服务，覆盖农户超过 2 万户。

山东省智慧农业在促进城乡融合发展中发挥了重要作用，通过推动农业产业升级、吸引人才返乡、优化基础设施、推动绿色发展和提升农民生活水平，缩小了城乡差距，促进了城乡经济、社会和生态的协调发展。未来，山东省应进一步深化智慧农业与城乡融合发展的结合，探索更多创新模式，为全国城乡融合发展提供示范经验。

7.5　小结

本章总结归纳了山东省智慧农业的生态效益与可持续发展路径，从生态环境影响、绿色农业结合、可持续发展路径及社会效益等多个方面进行了全面分析。首先，本章探讨了智慧农业对生态环境的积极影响，指出通过精准施肥、智能灌溉和病虫害防治等技术手段，智慧农业显著减少了资源浪费与环境污染，提高了农业生产的生态效率，为农业的绿色发展提供了重要支撑。其次，本章分析了智慧农业与绿色农业的结合，展示了智慧农业在推动绿色农业技术应用、助力农业碳中和以及促进农业可持续发展中的重要作用，并通过山东省供销合作社的成功案例，进一步验证了智慧农业在绿色农业中的实际应用效果。在可持续发展路径方面，本章提出了构建智慧农业生态系统和推动智慧农业与循环经济结合的具体措施，强调通过技术创新、资源优化和产业链协同，实现智慧农业的可持续发展。最后，本章还分析了智慧农业的社会效益，指出智慧农业通过提升农民生活质量、促进城乡融合发展，为农村社会的全面进步提供了有力支持。通过生态效益、绿色农业、可持续发展路径及社会效益的多维度分析，全面总结了山东省智慧农业在推动生态保护和可持续发展中的重要作用，为未来智慧农业的进一步推广和应用提供了重要参考。随着技术的不断进步和政策的持续支持，智慧农业将在实现农业绿色发展和可持续发展中发挥更加重要的作用，为山东省乃至全国的农业现代化和高质量发展提供坚实保障。

8 山东省智慧农业的国际合作与未来展望

在全球农业现代化和数字化转型的浪潮中，智慧农业已成为各国推动农业高质量发展、应对粮食安全和气候变化挑战的重要战略方向。山东省作为我国农业大省，在智慧农业领域的探索和实践中取得了显著成效，并逐步走向国际化。近年来，山东省积极参与全球智慧农业合作，通过技术引进、经验交流和市场拓展，与多个国家和地区建立了广泛的合作关系。这种国际合作不仅为山东省智慧农业的发展注入了新的动力，也为全球农业现代化提供了"中国智慧"。通过与发达国家在精准农业、农业物联网、智能装备等领域的技术交流，山东省不断提升自身的技术水平；同时，依托"一带一路"倡议，山东省积极向发展中国家输出智慧农业技术和解决方案，推动了农业技术的国际化应用。

国际合作为山东省智慧农业的发展带来了诸多机遇。一方面，通过与国际领先农业科技企业和科研机构的合作，山东省引进了先进的智慧农业技术和管理经验，推动了本地农业技术的创新与升级。另一方面，山东省依托自身在农业生产、加工和出口方面的优势，积极开拓国际市场，打造具有全球竞争力的智慧农业品牌。然而，国际合作的同时也面临着挑战，如不同国家在农业技术、政策法规和市场需求方面的差异，以及智慧农业技术在国际推广中的本地化适应问题，这些都对山东省智慧农业的国际化发展提出了更高要求。

本章将从山东省智慧农业的国际合作现状入手，梳理其在技术引进、经验交流和市场拓展方面的实践与成效，结合国际智慧农业发展的先进经验，分析山东省在国际合作中的优势与不足。同时，展望智慧农业的未来发展趋势，提出推动山东省智慧农业国际化的策略建议，为其在全球农业现代化进程中发挥更大作用提供理论支持和实践指导。通过系统分析，山东省智慧农业的国际化路径将更加清晰，为实现农业高质量发展和全球农业合作共赢贡献更多智慧和力量。

8.1 国际合作现状

山东省在智慧农业国际合作方面取得了显著进展，形成了多领域、多层次的合作格局，为推动农业现代化和可持续发展贡献了力量。未来，山东省将继续深化与各国的智慧农业合作，推动农业科技创新和产业升级，为全球粮食安全和农业可持续发展作出更大贡献。

2025年1月，潍柴雷沃智慧农业2025年全球供应商大会举行，会上发布了2025年业务规划和供应链战略。为进一步加强与全球供应商伙伴的深度合作，共同构建更高端、更高效、更具竞争力的全球供应链体系，潍柴雷沃正式发布全球供应商合作伙伴"研发共同体"计划，加速推动农机技术创新，提升企业国际竞争力。潍柴雷沃还启动了"重德、重勤、重廉"廉洁共建行动，与供应商代表签订廉洁协议，共同打造阳光透明、廉洁高效的采购生态。2024年在全球合作伙伴的鼎力支持下，逆势上行、阔步向前，面对行业下滑的严峻形势，实现营业收入174亿元，同比增长18%；出口收入18.3亿元，同比增长38%，再创行业新高。2024年，潍柴雷沃持续创新、勇攀高峰，动力换挡、CVT拖拉机建立了行业领先优势，是我国唯一实现产品系列化、商业化成熟应用的企业；率先推出我国首台18千克/秒喂入量收获机械，发布"雷沃智慧农业云"全场景解决方案，按下了中国农机向高、向智发展的"加速键"；以潍柴雷沃为"链主"的潍临日智能农机装备集群入选工业和信息化部2024年先进制造业集群。

2025年中国山东智慧农业博览会在济南舜耕国际会展中心隆重举行，汇聚了全球智慧，探索数字化、智能化农业的未来，为农业从业者提供了一个共谋发展、共创未来的平台。在展会现场，无人机和农业机器人的应用成为一大亮点。无人机不仅能够在空中进行作物病虫害的监测与防治，还能进行高效的化肥喷洒和种子播种，极大地提高了作业效率和精准度。而农业机器人则能在田间地头执行各种复杂任务，从除草、收割到分拣、包装，它们都能一一胜任，有效缓解了农村劳动力短缺的问题。这些智能设备的应用，让"面朝黄土背朝天"的传统农耕形象逐渐淡出人们的视野，取而代之的是科技感十足的现代农业作业场景。

2023年11月，山东国际农业科技合作交流大会在济南召开，来自美国、日本、荷兰等15个国家的专家代表参会，举办了山东省农业种质资源创新国际联合实验室揭牌仪式和"一带一路"国际花生产业科技创新院启动仪式。山东省作为代表展示的智慧农业技术针对中亚地区的气候条件和农业特点进行了本地化改良，特别是在节水灌溉、智能温室和农业机械化方面，技术适用性强。中亚国家代表团参观了山东省的智慧农业示范基地，直观了解了智慧农业技术的应用效果，为技术推广奠定了基础。山东省与中亚国家签署了 10 项合作协议，涉及智慧农业技术推广、农产品贸易和农业投资，总金额超过 5 亿元人民币，并计划在中亚地区建设 3 个智慧农业示范园区，推广精准灌溉、智能温室和农业物联网技术。

2023 年 4 月，中国－东盟数字农业论坛在山东省潍坊市成功召开。东盟是中国最大的农产品贸易伙伴，数字农业日益成为中国和东盟之间农业合作的新赛道。中国贸促会发挥连通政企、融通内外、贯通供需的功能，通过 2023 年 11 月下旬举办的首届中国国际供应链促进博览会，聚焦贸易投资促进、商事法律服务、参与全球经济治理、应用型智库建设四条业务主线，搭建更多平台，提供更优服务。潍坊近年来坚持以数字赋能农业全链条，打造中国数字农业新高地，加快建设农业强市。未来将以深化数字农业合作为契机，进一步拓展合作领域，提升合作层次，为建设更为紧密的中国－东盟命运共同体作出积极贡献。

山东省智慧农业的国际合作在技术引进、联合研发、市场拓展和国际交流等方面取得了显著成效。通过与荷兰、以色列、德国等国家的合作，山东省引进了先进的智慧农业技术，推动了农业生产的智能化和绿色化。同时，山东省智慧农业产品和设备的出口也显著提升了国际竞争力。未来，山东省将进一步深化与共建"一带一路"国家的合作，推动智慧农业技术的创新与应用，为全球农业可持续发展贡献更多力量。山东省国际智慧农业技术合作表见表 8-1。

表 8-1　山东省国际智慧农业技术合作

合作方	合作领域	合作形式	示例项目
荷兰 ↔ 山东省	温室农业、生态农业	技术转移与推广	荷兰向山东省推广温室农业技术
美国 ↔ 山东省	精准农业、农业物联网	技术研发合作	中美智慧农业联合实验室
以色列 ↔ 山东省	节水灌溉、农业物联网	技术转移与市场合作	以色列节水灌溉技术在山东省的应用
FAO ↔ 山东省	农业技术推广与资金支持	国际合作项目	FAO 支持山东省的精准农业项目
德国拜耳 ↔ 山东省	农业生物技术、精准农业	企业与国家合作	拜耳为山东省提供农业生物技术支持

8.1.1　国际智慧农业技术交流与合作

2022 年，青岛市与以色列 Netafim 公司在精准灌溉领域的合作，是山东省智慧农业国际合作的典范之一。青岛市及周边地区属于典型的北方干旱半干旱地区，农业用水资源紧张，传统灌溉方式（如漫灌）导致水资源浪费严重，水利用率低。青岛市希望通过引进国际先进的精准灌溉技术，解决农业用水效率低的问题，同时提升作物产量和农民收入。而以色列 Netafim 公司在精准灌溉领域拥有世界领先的技术，其滴灌系统和智能灌溉解决方案在全球范围内广泛应用。Netafim 公司派遣技术专家对青岛市农业技术人员和农民进行培训，教授精准灌溉系统的安装、操作和维护方法，定期举办技术交流会，分享以色列在精准灌溉领域的成功经验。通过这些培训，青岛市的农业从业人员不仅掌握了先进的灌溉技术，还建立了与国际农业技术的联系，提升了整体的技术水平。最终，双方共同建立农业大数据平台，收集和分析灌溉数据，优化灌溉方案，为不同作物和气候条件提供定制化的灌溉解决方案。青岛市与 Netafim 公司达成合作意向，共同推动精准灌溉技术在青岛及周边地区的应用。这次合作结合了以色列先进的精准灌溉技术与青岛市农业生产的实际需求，显著提升了农业用水效率和作物产量，为中国北方干旱半干旱地区的农业发展提供了成功经验。通过这种国际合作，青岛市不仅在技术层面取得了突破，还为其他地区的农业现代化提供了可借鉴的模式，推动了山东省乃至全国的智慧农业发展。

潍坊市在推进农业现代化的过程中，传统农业机械化水平较低，存在作业效率低、人工成本高等问题。随着农业现代化的推进，潍坊市迫切需要引进国际先进的智能农机技术，以提升农业生产效率和机械化水平。2018 年，潍坊市与德国克拉斯（CLAAS）公司的智能农机合作，引进了德国克拉斯（CLAAS）公司的无人驾驶拖拉机、精准播种机、智能收割机等先进设备，配套引进智能农机管理系统，通过物联网和大数据技术，实现农机设备的远程监控和精准作业。在潍坊市建设智能农机示范基地，覆盖粮食作物（如小麦、玉米）和经济作物（如蔬菜、棉花）的种植区域，总面积达 1 万亩。设备的引进使农机作业效率提高了 40%，每年节省人工成本 5 000 万元人民币。其中，无人驾驶拖拉机和精准播种机显著缩短了播种和收割时间，作业效率是传统机械的两倍。通过精准施肥和精准播种，减少了化肥和种子的浪费，生产成本降低了 20%。智能收割机的引入减少了粮食损耗率，每年为农民减少粮食损失3 000 吨。示范项目的成功经验在潍坊市及周边地区推广，覆盖农田面积超过10 万亩，潍坊市农业机械化水平从 70% 提升至 85%，成为山东省农业机械化升级的标杆。这一成功案例不仅展示了潍坊市在引进国际先进技术方面的决心，也为其他地区提供了宝贵的经验，推动了整个山东省农业现代化进程的加快。通过与国际知名企业的合作，潍坊市在智能农机领域实现了跨越式发展，为未来的农业生产奠定了坚实的基础。

德州市作为山东省的重要农业城市之一，面临着水资源短缺和传统农业灌溉方式效率低下的问题，导致水资源浪费严重，农业生产成本较高。以色列作为全球农业科技的领先国家，特别是在精准灌溉、智能施肥和农业物联网领域，其技术在全球范围内广泛应用。中以双方在农业领域有长期合作基础，德州市与以色列农业企业和科研机构达成合作意向，共同建设智慧农业示范基地，因此中以智慧农业示范基地于 2020 年正式投入使用。德州市引进了以色列 Netafim 公司的滴灌和微喷灌溉技术，通过传感器和智能控制系统，实现水资源的精准管理，根据作物需水量和土壤湿度，自动调节灌溉时间和水量，避免水资源浪费。同时，配套引进了以色列的精准施肥技术，将肥料与灌溉水混合，通过滴灌系统直接输送到作物根部，根据作物生长阶段和需肥量，精准控制施肥量，减少化肥浪费和环境污染。此外，德州市还建立了农业物联网监测系统，通过传感器实时监测土壤湿度、温度、光照强度和作物生长状况，数据通过物联网平台传输到中央控制系统，实现远程监控和精准管理。以色列农业专家定期对德州市农业技术人员和农民进行培训，教授精准灌溉、智能施肥和农业物联网技术的操作和维护，举办技术交流会，分享以色列在智慧农业领域的成功经验。该基地已成为中以农业技术合作的重要平台，在山东省其他干旱半干旱地区复制推广成功经验，推动全省农业用水效率的提升。德州市与以色列农业企业和科研机构将进一步深化合作，在智慧农业技术研发和应用方面开展更多联合项目，吸引更多国际农业企业和技术进入中国市场。这一合作不仅提升了德州市的农业生产效率，也为其他地区提供了可借鉴的模式，推动了山东省农业现代化的进程。各个城市之间智慧农业技术比较见表 8-2。

表 8-2　智慧农业技术合作城市比较

城市	年份	主要技术	作业效率提升 /%	人工成本节省 /万元	农作物产量提升 /%
青岛	2022	精准灌溉（滴灌）	40	4 300	20
德州	2020	滴灌和微喷灌溉、智能施肥	24	2 800	25
潍坊	2018	无人驾驶拖拉机、精准播种机	40	5 000	20

8.1.2　全球智慧农业市场的协同发展

智慧农业正在全球范围内快速发展，各国在智慧农业领域的协同发展，不仅推动了农业生产效率的提升，还促进了全球农业的可持续发展和粮食安全保障。根据市场研究机构的数据，2023 年全球智慧农业市场规模约为 180 亿美元，预计到 2030 年将达到 450 亿美元，年均复合增长率（CAGR）超过 12%。智慧农业市场的快速增长得益于全球对粮食安全、资源高效利用和农业可持续发展的重视。

北美是智慧农业技术的领先市场，特别是在精准农业、无人机应用和农业物联网领域，美国和加拿大的农业企业和科研机构处于全球领先地位。欧洲市场注重农业的可持续发展，精准灌溉、智能温室和农业机器人技术在荷兰、德国、法国等国家广泛应用。亚太地区是智慧农业市场增长最快的区域，中国、日本、印度等国家在智慧农业技术研发和应用方面投入巨大。中东地区由于水资源短缺，对精准灌溉技术需求旺盛；非洲则通过国际合作逐步引入智慧农业技术。荷兰是智能温室技术的全球领导者，其温室种植技术结合人工智能和自动化控制系统，大幅提升了作物产量。垂直农业技术在城市农业中得到广泛应用，美国的 Plenty 公司和日本的 Spread 公司是该领域的代表企业。中国与以色列在精准灌溉、智能施肥和农业物联网领域展开了广泛合作。中国与欧洲国家在智能温室、农业机器人和精准农业领域开展了深入合作，荷兰的瓦赫宁根大学与中国农业大学合作，推动智能温室技术在中国的应用。美国的农业科技公司与中国、日本等亚太国家合作，推动农业物联网和无人机技术的应用，美国的 Trimble 公司与中国企业合作，开发了适合中国农田的精准农业解决方案。非洲国家通过与联合国粮农组织（FAO）、世界银行等国际机构合作，引入智慧农业技术，解决粮食安全问题，肯尼亚与以色列合作，在干旱地区推广滴灌技术，提高了粮食产量。全球智慧农业市场的协同发展是农业现代化和可持续发展的重要推动力。通过技术创新、区域合作和政策支持，各国在智慧农业领域的协同发展将进一步提升农业生产效率，保障粮食安全，推动全球农业向绿色、智能和可持续方向发展。

8.2 智慧农业的国际经验借鉴

智慧农业作为现代农业发展的重要方向，已经在许多发达国家取得了显著成效。这些国家通过先进的技术手段和创新的管理模式，推动了农业生产的智能化、精准化和可持续化发展。借鉴发达国家的成功经验，可以为其他国家提供有益的参考，帮助其加速智慧农业的推广与应用。山东省智慧农业国际经验借鉴可见表 8-3。

8.2.1 发达国家智慧农业的成功案例

中国与欧洲国家在智慧农业领域的合作，尤其是在智能温室、农业机器人和精准农业等领域，取得了显著成效。这些合作项目不仅推动了中国农业现代化进程，也为欧洲先进农业技术在中国的推广提供了广阔的市场。智能温室技术的引进极大地提升了中国设施农业的生产效率和作物品质。欧洲国家，特别是荷兰，在智能温室技术方面处于全球领先地位，其技术结合了自动化控制、人工智能和精准种植理念，显著提升了温室作物的产量和品质。中国与欧洲国家在智能温室领域的合作，推动了中国设施农业的快速发展。荷兰是全球智能温室技术的领导者，其温室种植技术以高效、环保和智能化著称。中国设施农业起步较晚，但发展迅速，特别是在山东、河北等农业大省，对智能温室技术的需求旺盛。荷兰瓦赫宁根大学（Wageningen University）与中国农业大学合作，在山东寿光建设了智能温室示范项目。该项目引进了荷兰的智能温控系统、自动灌溉系统和植物生长监测系统，温室内配备了传感器网络和数据分析平台，实现了温度、湿度、光照和二氧化碳浓度的精准控制。此次合作使温室蔬菜产量提高了 40%，每亩年均产值达到 20 万元人民币。水肥利用率提高了 50%，每年节约用水 2 000 万米^3。该项目不仅提升了当地农业生产的效率，也吸引了超过 30 家国内外农业企业参观学习，推动了智能温室技术在中国的推广。芬兰在智能温室的环境控制和能源利用技术方面也具有独特优势，尤其是在寒冷气候条件下的温室种植技术。北方地区冬季气候寒冷，设施农业对节能型智能温室技术的需求旺盛。芬兰 Vapo 公司与中国内蒙古自治区合作，建设了节能型智能温室示范项目，引进了芬兰的地热供暖技术和智能温控系统，结合太阳能发电设备，为温室提供清洁能源，配备了自动化灌溉系统和作物生长监测平台。温室内的能源消耗降低了 40%，实现了低碳环保种植，番茄和黄瓜的产量提高了 35%，品质达到出口标准。该项目为中国北方寒冷地区的设施农业提供了可复制的节能解决方案，展示了中欧在智能温室技术领域的成功合作模式。

在农业机器人领域，中国与欧洲的合作同样取得了显著进展。农业机器人作为现代农业的重要组成部分，其应用能够有效提高农业生产效率，降低人力成本。约翰迪尔（John Deere）是全球领先的农业机械制造商，其智能农机系统是精准农业的典范，成功将现代科技与传统农业深度融合。该农机系统通过整合物联网（IoT）、全球定位系统（GPS）、大数据分析、人工智能（AI）和自动驾驶技术，为农民提供全面的农业生产解决方案。其核心目标是通过精准化操作提高农业生产效率、降低资源浪费，并减少对环境的影响。智能农机能够根据土壤数据和地形特点，精准控制播种深度和间距，确保种子分布均匀。加上传感器实时监测作物生长状况，智能农机能够根据作物需求精准施肥和喷洒农药，避免过量使用。其自动驾驶与路径规划功能中配备自动驾驶系统，能够根据 GPS 数据规划最优作业路径，减少重复作业和燃料消耗。美国艾奥瓦州（Iowa）的大型农场规模约 2 000 英亩（1 英亩 ≈ 4.047×10^3 米^2），主要种植玉米和大豆，面临着劳动力短缺、生产成本高、资源浪费严重等问题。约翰迪尔公司在播种季节，智能拖拉机根据土壤传感器提供的数据，调整播种深度和种子间距，确保种子在最佳条件下生长。通过传感器监测土壤湿度和养分含量，智能农机系统自动调整施肥量和灌溉量，避免资源浪费。无人机定期飞行监测作物健康状况，发现病虫害后，系统自动生成喷药方案，并通过无人机精准喷洒农药。所有作业数据上传至 John Deere Operations Center，农场主可以通过手机或电脑实时查看农田状况，并根据系统建议优化管理策略。因此，取得了显著成效，使得当地玉米和大豆的平均产量分别提高了 15% 和 20%，化肥使用量减少了 25%，农药使用量减少了 30%，灌溉用水量减少了 20%，减少了化学品的过量使用，降低了对土壤和水资源的污染。由于自动驾驶和精准作业，燃料消耗减少了 15%，劳动力成本降低了 40%，大大降低了成本投入。农场主仅通过数据平台实现了对农田的远程监控和管理，大幅减少了人工巡查的时间，提升了管理效率。山东省智慧农业国际经验借鉴对比分析见表 8-3。

表 8-3　山东省智慧农业国际经验借鉴对比

国家	技术优势	应用特点	政策支持	对山东省的借鉴意义
荷兰	温室农业技术自动化灌溉与环境控制系统、农业机器人	高度集约化农业，土地利用效率极高，温室农业占农业总产值的50%以上，依赖高科技设备和数据分析	政府提供研发资金支持建立农业创新中心，推动农业技术出口	借鉴荷兰智能温室技术，提升山东设施农业水平，学习其农业创新体系，推动产学研结合
美国	精准农业技术、农业机械化与自动化、农业物联网	大规模农场应用精准农业技术，通过数据分析优化种植、施肥和灌溉，农业机械化程度极高	政府通过农业补贴支持技术推广，农业科技公司主导技术研发，数据共享政策	引入精准农业技术，优化山东农业生产，学习美国农业数据共享机制，推动农业数字化转型
以色列	节水灌溉技术、智能灌溉系统、盐碱地改良技术	在干旱和半干旱地区广泛应用，高效利用水资源，农业用水效率全球领先，结合物联网实现智能化管理	政府支持农业技术出口，建立国家级农业研发机构，鼓励技术商业化	借鉴以色列节水灌溉技术，解决山东部分地区水资源短缺问题，学习其盐碱地改良经验，提升土地利用率
日本	小型农业机械、农业机器人、农业物联网技术	适用于小规模农田的高效农业技术，结合物联网实现精准管理，注重农产品质量和品牌建设	政府提供农业机械补贴，推动农业技术与农村振兴结合，支持农业合作社发展	借鉴日本小型机械和农业物联网技术，提升山东小农户的生产效率，学习其品牌化经验，打造山东特色农产品
德国	农业机械化与智能化设备、农业大数据分析、可持续农业技术	注重农业机械的高效性和耐用性，结合大数据优化农业生产，推广生态农业和可持续发展模式	政府支持农业机械研发，推动农业机械出口，制定严格的农业环保标准	引入德国高效农业机械，提升山东农业机械化水平，学习其可持续农业模式，推动绿色农业发展

在精准农业领域的合作也为中欧双方带来了互利共赢的局面。精准农业技术通过数据驱动的方式，帮助农民实现科学种植和管理，提升农业生产的可持续性。中国与欧洲的合作，不仅引入了先进的农业技术，还推动了本地技术的创新。通过与欧洲农业科技公司的合作，中国农业企业得以借鉴先进的农业管理理念和技术，提升了自身的竞争力。中国农业企业与欧洲企业共同研发的

精准农业管理平台，能够实时监测土壤状态、作物生长情况和气象变化，利用大数据分析提供决策支持。这样的合作模式不仅提高了农业生产效率，也促进了农产品的质量提升和市场竞争力。此外，精准农业技术的推广还有助于实现资源的合理利用，减少对化肥和农药的依赖，降低环境污染。通过与欧洲国家的技术合作，中国农业在应对气候变化和资源短缺等挑战方面，逐步实现了可持续发展目标。中欧在智慧农业领域的合作，不仅为中国农业现代化提供了技术支持，也为全球农业的可持续发展提供了新的思路和解决方案。这种合作模式的成功实践，预示着未来中欧在农业科技领域的深度合作和更广泛的应用前景，推动全球农业的创新与发展。

8.2.2 发展中国家智慧农业的实践经验

印度是一个典型的农业大国，农业从业人口占全国总人口的近50%。然而，印度的农业生产以小农经济为主，面临土地分散、资源匮乏、气候变化和技术落后等多重挑战。小农户的生产效率普遍较低，农民在种植过程中由于缺乏技术指导，对市场价格和天气变化的了解不足，导致农产品滞销或因气候变化而减产。这些问题不仅影响了农民的收入，而且制约了印度农业的可持续发展。近年来，印度通过智慧农业技术的推广和应用，逐步改善了农业生产条件，提高了小农户的生产效率和收益。智慧农业技术的引入，使得农民能够利用现代科技来优化生产过程，获取更准确的信息，从而做出更明智的决策。通过这些技术，农民能够更好地应对气候变化带来的挑战，提升作物的产量和质量，实现经济收益的增长。

Krishi Hub 数字农业平台是一个基于手机应用的数字农业平台，专为小农户设计，旨在通过技术手段解决小农经济中的信息不对称、资源利用低效和市场连接困难等问题。该平台通过整合农业技术、市场信息和供应链服务，为农民提供全面的农业支持，帮助他们提高生产效率、优化种植决策并增加收益。Krishi Hub 平台的核心技术特点主要依靠人工智能与机器学习、物联网与传感器集成、大数据分析以及移动端友好设计。通过这些技术，Krishi Hub 能够为农民提供及时且精准的农业信息。在比哈尔邦推广的过程中，农民可以通过手机拍摄作物的照片上传至平台，平台利用人工智能技术分析病虫害类型，并提供防治方案，提供有机和化学防治的多种选择。这一功能的引入帮助农民减少作物损失，病虫害造成的损失减少了30%，农药使用量减少了25%。此外，Krishi Hub 还可以根据短期和长期天气预报，为农民提供调整种植和收获计划的建议，减少因极端天气导致的损失，水稻和小麦的产量因此分别提高了15%和20%。平台整合了全国多个市场的农产品价格信息，农民可以实时查看作物的市场价格，帮助他们选择最佳销售时机，避免因信息不对称而被中间商压价，从而使当地农民的收益平均提高了 10% ～ 15%。

Krishi Hub 平台不仅提供了农业技术支持，还通过大数据分析预测市场对不同作物的需求趋势，帮助农民规划种植策略。农民可以通过平台直接与批发商、零售商和加工企业联系，减少中间环节，平台提供在线交易功能，确保交易的透明性和安全性，从而摆脱对中间商的依赖。此外，Krishi Hub 整合了本地物流服务，帮助农民将农产品运送到更远的市场，提供冷链运输服务，确保易腐农产品的质量。平台还提供贷款和保险业务，为农民提供低息贷款和农业保险服务，农民可以通过平台申请贷款，用于购买种子、化肥和农机设备。这些服务的提供，不仅帮助农民解决了资金短缺的问题，还增强了他们的抗风险能力。此外，平台还提供种植成本计算工具，帮助农民记录和分析生产成本，优化资源利用。通过这些综合服务，Krishi Hub 数字农业平台有效提升了小农户的生产效率和经济收益，为印度农业的可持续发展提供了强有力的支持。Krishi Hub 数字农业平台功能与成效见表 8-4。随着智慧农业技术的不断推广，预计未来印度的小农户将能够更好地应对各种挑战，实现农业现代化的目标。

表 8-4　Krishi Hub 数字农业平台功能与成效

功　能	描　述	成　效
病虫害识别与防治方案	通过 AI 分析作物照片，提供病虫害识别和防治建议	病虫害造成的损失减少了 30%，农药使用量减少 25%
天气预报与种植建议	根据短期和长期天气预报，提供种植和收获计划调整建议	水稻和小麦产量提高 15% 和 20%
市场价格信息整合	实时查看全国市场的农产品价格，帮助农民选择最佳销售时机	农民收益平均提高 10% ～ 15%
直接与市场连接	农民可直接与批发商、零售商和加工企业联系，减少中间环节	提高交易透明度，减少中间商依赖
物流服务	提供本地物流和冷链运输服务，确保易腐农产品质量	提高农产品市场竞争力
贷款与保险服务	提供低息贷款和农业保险，帮助农民解决资金短缺问题	增强农民抗风险能力
成本计算工具	帮助农民记录和分析生产成本，优化资源利用	提高资源利用效率

8.3　智慧农业的未来发展趋势

随着全球农业面临人口增长、资源短缺、气候变化等多重挑战，智慧农业正成为解决这些问题的重要手段。未来，智慧农业将进一步与前沿技术深度融合，推动农业生产向精准化、高效化和可持续化方向发展。其中，人工智能和区块链技术的应用将成为智慧农业发展的重要趋势。

8.3.1 人工智能与智慧农业的深度融合

人工智能作为第四次工业革命的核心技术之一，正在深刻改变农业生产的方式。通过机器学习、计算机视觉、自然语言处理等技术，人工智能能够帮助农民优化农业生产的各个环节，从种植到收获再到市场销售，实现农业生产的智能化、精准化和高效化。这种技术的引入使得农业不再仅仅依赖传统经验，而是通过数据驱动的方式进行科学管理，极大地提高了农业生产效率。人工智能与智慧农业的深度融合，不仅提升了农业生产效率，还为应对气候变化、资源短缺和粮食安全等全球性挑战提供了创新解决方案。随着全球人口的不断增长，对粮食的需求也在不断增加，传统农业方式已经难以满足现代社会的需求，因此，利用人工智能技术来提升农业生产的可持续性和效率显得尤为重要。通过智能化管理，农民能够更好地应对各种挑战，实现农业的可持续发展。

人工智能在智慧农业中的应用场景主要包括作物健康监测与病虫害防治、决策支持与精准农业、农业自动化与机器人技术、农业风险预测与管理以及农业供应链优化。人工智能的优势在于能够快速识别问题，减少人工巡查的时间和成本，提高病虫害防治的精准度，减少农药使用量，从而降低环境污染。具体而言，人工智能利用无人机、卫星或地面传感器拍摄农田图像，通过计算机视觉技术分析作物的健康状况。人工智能模型能够识别作物的病虫害类型、营养缺乏或水分不足等问题，并生成精准的防治方案。这种智能化的监测方式不仅提高了作物管理的效率，还能够结合历史数据和实时监测数据，预测病虫害的暴发时间和范围，帮助农民提前采取防范措施。此外，人工智能在技术上具有明显优势，可以提高资源利用效率，减少化肥和水资源浪费；同时，帮助农民应对气候变化和市场波动的风险，使农业生产更加科学化和精准化。通过分析土壤数据、气象数据、作物生长数据和市场需求数据，人工智能能够为农民提供精准的种植、施肥和灌溉建议，结合机器学习算法，预测作物产量、市场价格和需求趋势，帮助农民优化种植计划。农民可以通过智能手机或农业管理平台获取人工智能生成的个性化建议，进一步提升生产效率。

人工智能还可以降低劳动力成本，解决劳动力短缺问题；提高农业生产效率和精准度，减少资源浪费；减少人工操作对作物的损伤，提高农产品质量。人工智能驱动的农业机器人能够完成播种、施肥、喷药、采摘和分拣等任务，显著提升农业生产的自动化水平。自动驾驶农机通过人工智能算法规划最优作业路径，减少重复作业和燃料消耗，进一步提高了生产效率。机器人结合传感器和计算机视觉技术，可以识别成熟的果实并进行精准采摘，在减少人力成本的同时提升了采摘的效率和准确性。此外，人工智能通过分析历史气象数据、实时监测数据和作物生长数据，能够有效预测极端天气（如干旱、洪水、霜冻）和自然灾害的发生。结合市场数据，人工智能可以预测农产品价格波动，帮助农民选择最佳销售时机，减少因气候变化导致的农业损失，提高农民的抗风险能力，增强农业生产的稳定性。通过这些技术的应用，农民可以优化资源分配，降低生产成本，从而实现更高的经济效益。人工智能在农业供应链管理中的应用同样重要，通过分析市场需求和物流数据，优化农产品的供应链管理，预测农产品的最佳运输路线和储存条件，减少农产品的损耗。此外，结合区块链技术，人工智能还可以实现农产品的全程追踪，确保供应链的透明化和安全性。智慧农业未来发展趋势对比见表 8-5。

表 8-5　智慧农业未来发展趋势对比

类　　别	技术 / 应用	具体措施 / 功能	优势 / 影响
人工智能与智慧农业的深度融合	作物健康监测与病虫害防治	无人机、卫星或地面传感器拍摄农田图像，计算机视觉技术分析作物健康状况	快速识别问题，减少人工巡查时间和成本，提高病虫害防治精准度，减少农药使用量，降低环境污染
	决策支持与精准农业	分析土壤、气象、作物生长和市场需求数据，提供精准种植、施肥和灌溉建议	提高资源利用效率，减少肥和水资源浪费，帮助农民应对气候变化和市场波动风险，使农业生产更加科学化和精准化
	农业自动化与机器人技术	农业机器人完成播种、施肥、喷药、采摘和分拣任务，自动驾驶农机规划最优作业路径	降低劳动力成本，解决劳动力短缺问题，提高农业生产效率和精准度，减少资源浪费，减少人工操作对作物的损伤，提高农产品质量
	农业风险预测与管理	分析历史气象、实时监测和作物生长数据，预测极端天气和自然灾害，预测农产品价格波动	减少因气候变化导致的农业损失，提高农民抗风险能力，增强农业生产稳定性，帮助农民优化资源分配，降低生产成本
	农业供应链优化	分析市场需求和物流数据，优化供应链管理，预测最佳运输路线和储存条件	提高供应链效率，减少农产品浪费，确保农产品质量和安全性，增强消费者信任，帮助农民和企业优化销售策略，增加收益
智慧农业与区块链技术的结合	农产品溯源	记录农产品从种植、加工到销售的全过程信息，确保数据真实性和不可篡改性	提高食品安全性，增强消费者对农产品的信任，帮助企业提升品牌价值，增加高质量农产品的市场竞争力

（续）

类　　别	技术 / 应用	具体措施 / 功能	优势 / 影响
智慧农业 与区块链技 术的结合	农业供应链管理	整合种植、加工、运输、仓储和销售环节数据，实时跟踪农产品运输状态	提高供应链效率，减少中间环节和农产品浪费，确保交易公平性和透明性，减少欺诈行为，帮助农民直接与买家对接，减少中间商剥削
	农业金融服务	记录农民生产数据、信用记录和交易历史，智能合约自动执行贷款发放和保险理赔	降低金融服务成本，提高农民融资能力，减少金融欺诈和信息不对称问题，确保贷款和保险公平性，提高农业保险效率，帮助农民快速获得赔偿

　　人工智能与智慧农业的深度融合，正在推动农业生产向智能化、精准化和可持续化方向发展。通过这些技术的引入，农民不仅能够提高生产效率和资源利用率，而且能为应对气候变化和粮食安全等全球性挑战提供创新解决方案。未来，随着人工智能的不断进步，智慧农业将实现全面自动化和个性化，为全球农业的可持续发展注入新的动力。人工智能的应用将使得农业生产更加高效、环保和可持续，帮助农民更好地应对未来的挑战。随着技术的不断发展和成熟，预计将会有更多的智能化解决方案被引入农业生产中，进一步推动农业的现代化进程。最终，人工智能将成为全球农业发展的重要推动力，助力实现粮食安全和可持续发展的目标。

8.3.2　智慧农业与区块链技术的结合

　　区块链技术以其去中心化、不可篡改、透明化和可追溯的特点，正在为智慧农业提供全新的解决方案。随着全球人口的不断增长，农业生产面临着越来越大的压力，如何提高农业生产效率、确保食品安全以及实现可持续发展成为亟待解决的关键问题。农业生产和供应链的复杂性使得数据的真实性、交易的透明性以及食品安全的可追溯性成为关键问题，而区块链技术的引入能够有效解决这些痛点。通过与智慧农业的结合，区块链技术不仅提升了农业供应链的效率，还增强了消费者对农产品的信任，为农业的可持续发展提供了技术支持。具体应用场景包括农产品溯源、农业供应链管理、农业金融服务和农业数据共享与保护等。在农产品溯源方面，区块链技术能够记录农产品从种植、加工到销售的全过程信息，包括种植时间、施肥记录、病虫害防治、运输路径等。每个环节的数据都被加密存储在区块链上，确保数据的真实性和不可篡改性。消费者可以通过扫描农产品包装上的二维码，查看其生产和流通过程的详细信息。中国阿里巴巴的区块链溯源平台已经应用于茶叶、大米和水果等农产品，消费者可以追溯到每一批次的生产信息。这种透明性不仅提高了消费者对农产品的信任，也促使生产者更加注重生产过程的规范化和标准化。在欧洲，家乐福超市通过区块链技术记录鸡肉、牛奶等产品的生产过程，消费者可以轻松了解产品的来源和质量。这种信息的透明化使得消费者在选择食品时能够做出更为明智的决策，从而提升了食品安全性。

农业供应链管理是另一个重要的应用领域。区块链技术可以将种植、加工、运输、仓储和销售等多个环节的数据整合到一个透明的系统中，还可以实时跟踪农产品的运输状态，确保物流的高效性和透明性。通过区块链，所有参与者都可以实时获取供应链中的信息，从而提高供应链的效率，减少中间环节和农产品浪费，确保交易的公平性和透明性，减少欺诈行为。在巴西，区块链技术被用于咖啡供应链管理，帮助农民直接与国际买家交易，减少了中间商环节，农民收益增加了20%。这种直接交易的模式不仅提高了农民的收入，也增强了他们的市场竞争力。在澳大利亚，区块链技术被用于牛肉供应链，确保牛肉的运输和储存过程符合冷链标准，从而保证了牛肉的质量和安全。此外，区块链技术在农业金融服务中的应用也日益受到关注。通过记录农民的生产数据、信用记录和交易历史，区块链可以为农民提供可信的信用评估。智能合约可以自动执行贷款发放和保险理赔，减少人工干预和审批时间。农民可以通过区块链平台申请贷款，用于购买种子、化肥和农机设备，或者为作物投保。这种金融服务的创新具有降低金融服务成本、提高农民融资能力的潜力。在肯尼亚，区块链技术被用于小农户的农业保险服务，农民可以通过智能合约快速获得因干旱或洪水导致的赔偿。在印度，区块链技术被用于农业贷款平台，帮助小农户获得低息贷款，解决资金短缺问题。这些应用不仅提高了农民的融资能力，也促进了农业生产的可持续发展。区块链技术在农业数据共享与保护中的应用也具有重要意义。通过区块链平台，农民、企业、研究机构和政府可以安全地共享农业生产数据，确保数据的真实性和隐私性。农民的数据所有权可以通过区块链技术得到保护，防止数据被滥用。这种数据共享不仅提高了农业数据的利用效率，还推动了农业技术的创新。在欧洲，区块链技术被用于农业数据共享平台，帮助农民和研究机构共同开发精准农业技术。在美国，区块链技术被用于农业数据市场，农民可以通过出售数据获得额外收入。这种数据的安全共享和利用，不仅增强了农民对智慧农业技术的信任，也促进了农业生产的协同优化，推动了农业的数字化转型。

区块链技术在智慧农业中的应用带来了诸多优势（表8-6），主要体现在提高食品安全性、增强消费者信任、提高供应链效率、降低金融服务成本和促进农业技术创新等方面。首先，区块链技术通过提供透明的农产品溯源信息，显著提高了食品安全性。消费者可以轻松追溯农产品的来源和生产过程，从而增强了对食品安全的信任。这种透明性不仅保护了消费者的权益，也促使生产者更加注重生产过程的规范化。其次，通过区块链技术，消费者能够获取真实、可靠的农产品信息，从而增强了对农产品的信任。这种信任不仅体现在消费者对产品质量的认可上，也体现在对品牌的忠诚度上。企业通过区块链技术提升品牌价值，增加高质量农产品的市场竞争力。此外，区块链技术能够整合农业供应链中的各个环节，实时跟踪农产品的运输状态，确保物流的高效性和透明性。这种高效的供应链管理不仅减少了中间环节和农产品浪费，还确保了交易的公平性，减少了欺诈行为。再次，区块链技术在农业金融服务中的应用，能够降低金融服务的成本，提高农民的融资能力。通过智能合约的自动执行，减少了人工干预和审批时间，提高了贷款和保险的效率。这种创新的金融服务模式为农民提供了更多的融资选择，促进了农业生产的可持续发展。最后，区块链技术在农业数据共享与保护中的应用，推动了农业技术的创新。通过安全共享农业生产数据，研究机构和企业能够共同开发精准农业技术，提高农业生产的效率和可持续性。这种技术创新不仅提升了农业生产的效益，也为解决粮食安全问题提供了新的思路。

表 8-6　区块链技术在智慧农业中的应用场景及其优势

应用场景	具体功能	优　势
农产品溯源	记录从种植到销售的全过程信息，包括施肥、运输路径等	提高食品安全性，增强消费者对农产品的信任
农业供应链管理	整合种植、加工、运输、仓储和销售的数据，实时跟踪运输状态	提高供应链效率，减少中间环节，确保交易公平性，减少欺诈行为
农业金融服务	记录农民的生产数据和信用记录，支持智能合约自动执行贷款和保险理赔	降低金融服务成本，提高融资能力，确保贷款和保险的公平性
农业数据共享与保护	安全共享农业生产数据，保护数据隐私，确保数据真实性	提高数据利用效率，保护农民数据权益，促进农业数字化转型

　　未来，区块链技术将在扩大应用范围、加强政策支持、促进国际合作和提升技术标准等方面发挥更大的作用。各国政府将加强对区块链技术在农业中应用的政策支持，鼓励企业和农民积极采用区块链技术。政策的支持将为区块链技术的推广和应用提供良好的环境。随着全球农业市场的不断发展，国际的合作将变得愈加重要。区块链技术的应用将促进各国在农业领域的合作与交流，共同应对粮食安全和可持续发展的问题。通过国际合作，各国可以共享区块链技术的经验和成果，推动全球农业的数字化转型。随着区块链技术在农业中的广泛应用，行业标准和技术规范将逐步建立。这些标准将有助于提高区块链技术的应用效率，确保数据的安全性和可靠性。同时，标准化的技术将促进不同区块链平台之间的互操作性，推动农业数字化的进程。综上所述，区块链

技术与智慧农业的结合，为农业生产和供应链管理提供了全新的解决方案。通过农产品溯源、供应链管理、农业金融服务和数据共享等应用，区块链技术不仅提高了农业生产的效率和透明度，还增强了消费者对农产品的信任。随着区块链技术的不断发展，智慧农业将实现更加高效、可持续和全球化的发展，为解决粮食安全和农业可持续发展问题提供强有力的技术支持。

8.4 推动智慧农业国际化的策略

智慧农业的国际化发展是应对全球粮食安全、气候变化和资源短缺等挑战的重要途径。通过国际合作和信息共享，各国可以共同推动智慧农业技术的创新与应用，实现农业生产的可持续发展。以下是推动智慧农业国际化的两大核心策略：加强国际技术合作与标准化建设，以及构建全球智慧农业信息共享平台，具体策略流程可见图 8-1。

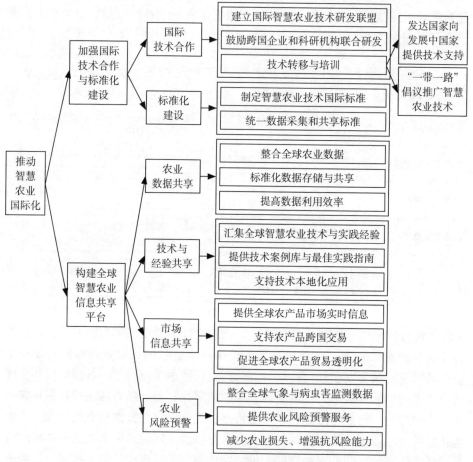

图 8-1 推动智慧农业国际化策略流程

8.4.1　加强国际技术合作与标准化建设

　　智慧农业的国际化发展离不开技术合作与标准化建设。在全球化的背景下，各国在智慧农业技术的研发、推广和应用方面存在显著差异，这些差异不仅体现在技术的成熟度和应用范围上，还体现在各国的政策环境、市场需求和资源配置等方面。美国在精准农业设备的研发和应用上处于领先地位，拥有众多高科技公司和研究机构，致力于通过先进的传感器和数据分析技术来提升农业生产效率；欧洲在农业机器人技术方面走在前列，开发出了一系列适用于不同作物和环境的智能机器人，能够完成播种、施肥、除草等多项任务；日本则在智能温室技术的研发上具有优势，通过结合先进的气候控制和自动化技术，实现了高效的植物生长环境。这些国家的成功经验表明，通过国际技术合作，可以整合各国的技术优势，加速智慧农业技术的创新与推广。为了实现这一目标，山东省可以建立国际智慧农业技术研发联盟，联合科研机构、企业和政府，共同开发适应不同地区需求的智慧农业技术。通过鼓励跨国企业和科研机构开展联合研发项目，可以推动技术的本地化应用，确保技术在不同地区的有效性和适应性。可以参考欧盟与非洲国家合作开发适应干旱地区的精准灌溉技术，帮助非洲农民提高水资源利用效率，进而提升农业生产力；同时，美国与以色列的合作研发智能灌溉系统，将以色列的节水技术与美国的物联网技术相结合，形成了高效的水资源管理解决方案。这些国际合作项目不仅为发展中国家提供了技术支持，也为发达国家的技术创新提供了新的视角和市场机会。

　　然而，发展中国家在智慧农业技术的应用上普遍面临资金和技术壁垒，这使得他们在引进和应用先进技术时遇到困难。因此，发达国家的技术支持显得尤为重要。山东省可以借鉴发达国家的经验，通过技术转移和培训，帮助发展中国家引入和应用智慧农业技术，促进技术在全国范围内的推广。我国通过"一带一路"倡议向东南亚和非洲国家推广智慧农业技术，包括无人机喷洒、精准灌溉和农业管理平台。这些技术的引入不仅能够提升当地农业的生产效率，还能促进当地经济的发展，改善农民的生活水平。同时，山东省可以通过建立技术培训中心，邀请发达国家的专家进行技术培训，以提高当地农民和农业从业人员的技术水平和应用能力。通过这种方式，不仅可以促进智慧农业技术的传播，而且能增强发展中国家在全球农业市场中的竞争力。此外，山东省还可以与国际组织合作，开展针对发展中国家的技术援助项目，帮助他们克服技术障碍，实现农业现代化。

　　智慧农业技术的国际化应用还需要统一的技术标准，这是确保技术顺利推广和应用的基础。如传感器接口、数据格式、通信协议等方面缺乏统一标准会导致技术的不兼容性，阻碍智慧农业设备和系统的跨国应用。为了应对这一挑战，国际标准化组织（ISO）应牵头制定智慧农业技术的国际标准，涵盖精准农业设备、物联网系统、数据采集与分析等领域。这些标准的制定不仅有助于技术的互联互通，而且能提高各国之间的合作效率。鼓励各国参与标准制定，确保标准的普适性和可操作性，是实现智慧农业技术国际化的重要一步。山东省可以参考ISO已经发布的农业物联网和精准农业的相关标准，为智慧农业设备的互联互通提供技术支持。此外，尽管智慧农业依赖于大量的数据，包括气象数据、土壤数据、作物生长数据等，但各国的数据格式和采集方法存在差异。因此，建立统一的数据采集和共享标准，确保数据的兼容性和可用性，显得尤为重要。山东省可以通过标准化的数据格式和接口，促进智慧农业数据的跨国共享与应用。可以参考欧盟的"农业数据空间"项目，该项目旨在建立统一的数据标准，促进成员国之间的农业数据共享，提升数据利用效率。通过这些措施，山东省不仅能够推动智慧农业技术的国际化发展，而且能为全球农业现代化进程贡献力量。

8.4.2 构建全球智慧农业信息共享平台

智慧农业的发展离不开信息的共享与协作。构建全球智慧农业信息共享平台是推动智慧农业国际化的重要策略之一。通过整合全球农业数据、技术和经验，信息共享平台能够促进农业生产的数字化、智能化和全球化发展。它不仅为各国提供了一个交流与合作的桥梁，还能帮助各国共同应对农业生产中的挑战，如粮食安全、气候变化和资源短缺等问题。

在农业数据共享方面，可以建立平台来整合全球范围内的农业数据，包括气象数据、土壤数据、作物生长数据、病虫害监测数据、市场价格数据等。数据来源包括卫星遥感、物联网传感器、无人机监测、农业科研机构和政府部门。数据以标准化的格式存储和共享，确保各国能够高效利用这些数据。优势在于可以提高农业数据的利用效率，帮助农民和企业优化生产和销售策略，进而促进农业数据的全球化流通，为智慧农业技术的研发和推广提供支持。在技术与经验共享方面，平台汇集全球范围内的智慧农业技术和实践经验，包括精准农业、智能灌溉、无人机应用、农业机器人等。提供技术案例库和最佳实践指南，帮助各国学习和借鉴其他国家的成功经验。支持技术的本地化应用，满足不同地区的农业需求。其优势在于可以加速智慧农业技术的推广与应用，缩小各国之间的技术差距，促进技术的本地化创新，推动农业生产的现代化。在市场信息共享方面，平台提供全球农产品市场的实时信息，包括价格、供需趋势、贸易政策、物流信息等。农民、企业和政府可以通过平台了解国际市场动态，优化种植和销售策略。支持农产品的跨国交易，帮助农民开拓国际市场。其优势在于帮助农民和企业进入国际市场，增加农产品出口机会，促进全球农产品贸易的透明化和高效化。在农业风险预警方面，平台整合全球气象数据、病虫害监测数据和市场波动数据，提供农业风险预警服务。通过人工智能和大数据分析，预测极端天气、病虫害暴发和市场价格波动。向农民和政府发布预警信息，帮助他们提前采取应对措施。具有减少因气候变化和病虫害导致的农业损失，提高农民和政府的抗风险能力，增强农业生产稳定性的优势。

构建全球智慧农业信息共享平台是推动智慧农业国际化发展的重要举措。未来，随着国际合作的深化和技术的进步，全球智慧农业信息共享平台将为农业的可持续发展提供强有力的支持，为解决粮食安全和气候变化等全球性问题贡献智慧农业的力量。

8.5 小结

本章总结归纳了山东省智慧农业的国际合作与未来展望，从国际合作现状、国际经验借鉴、未来发展趋势及国际化策略等多个方面进行了全面分析。本章探讨了山东省智慧农业在国际技术交流与合作方面的现状，指出通过与国际先进企业和科研机构的合作，山东省在智慧农业技术研发、产业链整合和市场推广方面取得了显著进展。同时，分析了全球智慧农业市场的协同发展趋势，强调通过国际合作与资源共享，推动智慧农业在全球范围内的均衡发展。在国际经验借鉴方面，总结了发达国家和发展中国家在智慧农业领域的成功案例与实践经验，为山东省智慧农业的发展提供了有益参考。例如，发达国家在人工智能、大数据和物联网等技术的应用上具有领先优势，而发展中国家在智慧农业的普惠性推广和低成本解决方案方面积累了丰富经验。这些国际经验为山东省智慧农业的技术创新和模式优化提供了重要启示。在智慧农业的未来发展趋势方面，探讨了人工智能与智慧农业的深度融合、智慧农业与区块链技术的结合等前沿方向，指出这些技术将为智慧农业带来更高的生产效率、更强的数据安全性和更广泛的应用场景。此外，本章提出了推动智慧农业国际化的策略，包括加强国际技术合作与标准化建设、构建全球智慧农业信息共享平台等，为山东省智慧农业的国际化发展提供了明确路径。

9 山东省智慧农业的产业链整合与协同发展

本章探讨了在全球化和数字化背景下，产业链协同发展的趋势与挑战。随着信息技术和智能化技术的迅猛进步，企业之间的协作模式正在经历深刻变革，传统的产业链模式向更加灵活、高效的协同合作模式转型。各个环节通过信息共享、资源整合和协同创新，形成了紧密的合作关系，尤其在农业领域，智慧农业的兴起促进了生产、物流和市场销售之间的信息流动，显著提高了生产效率和供应链的响应速度。同时，绿色可持续发展理念的深入人心推动了企业在生产中更加注重资源节约和环境保护，通过产业链协同共同开发绿色技术和产品，减少资源消耗和环境污染。

然而，产业链协同发展也面临诸多挑战，包括信息孤岛现象、企业间的利益冲突和技术快速变化带来的适应压力。信息孤岛导致各环节之间的信息不对称，影响了协同效率；而市场竞争激烈的环境使得企业往往更关注自身利益，忽视了与合作伙伴的长期关系。此外，气候变化和病虫害等不确定因素也增加了农业领域协同发展的难度。因此，企业需要积极应对这些挑战，建立有效的合作机制，以实现产业链的高效协同和可持续发展。

为推动产业链的协同发展，企业和相关机构需要采取一系列战略措施。首先，建立信息共享平台是基础，这能够提高沟通效率并为决策提供科学依据。其次，推动跨行业合作，形成资源整合与优势互补的关系，帮助企业应对复杂的市场挑战。此外，企业应注重人才培养和技术创新，尤其是在数字化和可持续发展领域，以增强市场竞争力。政府与行业协会也应发挥积极作用，提供政策引导和资金支持，促进企业间的合作与信息共享。最后，加强风险管理，提升产业链的韧性，以应对市场的不确定性。通过综合施策，企业能够实现产业链的高效协同和可持续发展目标。

9.1 智慧农业产业链的构成与特点

智慧农业产业链是一个复杂的系统，涵盖从技术研发到农产品销售的多个环节，主要包括上游的技术研发与设备制造、中游的农业生产与加工，以及下游的销售与物流。上游环节通过物联网、大数据、人工智能等技术的创新与应用，为智慧农业提供了强大的技术支持；中游环节则通过智能温室、水肥一体化等技术，实现了农业生产的精准化与高效化；下游环节通过电商平台、区块链追溯系统和智能物流系统，优化了农产品的流通与销售。通过物联网、大数据、人工智能等技术的应用，智慧农业实现了从生产到销售的全流程数字化与智能化。在生产环节，传感器、无人机和遥感技术被广泛应用于农田环境的实时监测与调控；在加工环节，自动化生产线和智能仓储系统提高了农产品的加工效率与品质；在销售环节，电商平台和智能物流系统拓宽了农产品的销售渠道，提升了物流效率。

智慧农业产业链的各个环节相互依存，共同构成了一个完整的生态系统。上游环节的技术研发与设备制造为中游环节的农业生产与加工提供了技术支持；中游环节的高效生产与加工为下游环节的销售与物流提供了优质产品；下游环节的市场反馈又为上游环节的技术创新提供了方向。这种相互依存的关系使得智慧农业产业链能够实现高效协同，推动农业现代化和可持续发展。

9.1.1　产业链的主要环节

智慧农业产业链是一个复杂的系统，涵盖了从技术研发到农产品销售的多个环节。这些环节相互依存，共同构成了智慧农业的完整生态链。以下将详细分析智慧农业产业链的主要环节及其功能。

智慧农业的上游环节主要包括技术研发和设备制造，这是整个产业链的基础。技术研发涉及物联网、大数据、人工智能、区块链等前沿技术的创新与应用。这些技术的研发为智慧农业提供了强大的技术支持，使得农业生产能够实现精准化、智能化和高效化。物联网技术通过传感器实时监测土壤、气候和作物生长数据，为农业生产提供科学依据；人工智能技术则通过机器学习算法优化种植决策，提高生产效率。设备制造是上游环节的另一个重要组成部分，包括智能农机、无人机、传感器、自动化控制系统等设备的研发与生产。这些设备是智慧农业技术落地的关键载体。智能农机能够实现精准播种、施肥和收割，大幅降低劳动强度；无人机则广泛应用于农田监测、病虫害防治和农药喷洒，提高了农业生产的效率与安全性。上游环节的技术创新与设备制造为智慧农业的发展提供了坚实的基础。

中游环节是智慧农业产业链的核心，主要包括农业生产和农产品加工。在这一环节，智慧农业技术被广泛应用于种植、养殖、灌溉、施肥、病虫害防治等农业生产活动中。通过物联网、大数据和人工智能技术，农业生产实现了全程数字化管理。智能温室技术通过自动化控制系统调节温湿度、光照和二氧化碳浓度，优化作物生长环境；水肥一体化技术则通过精准灌溉和施肥，节约资源并提高产量。农产品加工是中游环节的延伸，涉及农产品的清洗、分拣、包装、储存和初加工等过程。智慧农业技术在加工环节的应用主要体现在自动化生产线和智能仓储系统上。自动化分拣设备通过图像识别技术对农产品进行分级，提高加工效率；智能仓储系统则通过物联网技术实时监控库存，优化物流管理。中游环节的高效生产与加工为智慧农业产业链的增值提供了重要保障。

下游环节是智慧农业产业链的终端，主要包括农产品的销售和物流。在这一环节，智慧农业技术通过电商平台、区块链追溯系统和智能物流系统，实现了农产品从田间到餐桌的高效流通。电商平台为农产品提供了直接面向消费者的销售渠道，缩短了产业链，提高了农民的收入。直播带货等新兴营销方式使得农产品能够快速触达消费者，提升了市场竞争力。区块链技术在下游环节的应用主要体现在农产品质量追溯系统上。通过区块链技术，消费者可以追溯农产品的生产、加工和流通过程，确保产品的安全性与品质。智能物流系统则通过物联网和大数据技术优化运输路线，降低物流成本，提高配送效率。下游环节的高效销售与物流为智慧农业产业链的闭环提供了重要支撑。智慧农业产业链的关键技术、功能与作用见表 9-1。

表 9-1　智慧农业产业链的关键技术、功能与作用

环节	主要内容	关键技术	功能与作用
上游	技术研发与设备制造	物联网、大数据、人工智能、区块链	提供技术支持，推动技术创新，研发智能农机、无人机、传感器等设备，为智慧农业奠定基础
中游	农业生产与加工	智能温室、水肥一体化、自动化生产线、智能仓储系统	实现农业生产的精准化与高效化，提高农产品加工效率与品质，优化资源利用
下游	销售与物流	电商平台、区块链追溯系统、智能物流系统	拓宽销售渠道，优化物流管理，确保农产品的新鲜度与品质，提升市场竞争力

9.1.2　产业链的数字化与智能化特征

智慧农业产业链的数字化与智能化是其区别于传统农业产业链的核心特征。通过物联网、大数据、人工智能等技术的应用，智慧农业产业链实现了从生产到销售的全流程数字化与智能化，极大地提升了农业生产的效率与效益。

在生产环节，智慧农业通过物联网技术实现了农田环境的实时监测与调控。传感器、无人机和遥感技术被广泛应用于土壤、气候和作物生长数据的采集，为农业生产提供科学依据。土壤湿度传感器能够实时监测土壤水分含量，

结合智能灌溉系统实现精准灌溉；无人机则通过航拍技术监测作物生长情况，及时发现病虫害并采取防治措施。人工智能技术在生产环节的应用主要体现在种植决策的优化上。通过机器学习算法，系统能够根据历史数据和实时监测数据，预测作物生长趋势，优化种植方案。智能温室技术通过自动化控制系统调节温湿度、光照和二氧化碳浓度，为作物提供最佳生长环境。生产环节的数字化与智能化不仅提高了农业生产的效率，还降低了资源浪费，实现了绿色农业的发展。在加工环节，智慧农业技术通过自动化生产线和智能仓储系统，实现了农产品加工的高效化与智能化。自动化分拣设备通过图像识别技术对农产品进行分级，提高了加工效率；智能仓储系统则通过物联网技术实时监控库存，优化物流管理。冷链物流系统通过温度传感器实时监控农产品的储存环境，确保产品的新鲜度与品质。区块链技术在加工环节的应用主要体现在农产品质量追溯系统上。通过区块链技术，消费者可以追溯农产品的生产、加工和流通过程，确保产品的安全性与品质。加工环节的数字化与智能化不仅提高了农产品的附加值，还增强了消费者的信任度，推动了农业品牌化发展。在销售环节，智慧农业技术通过电商平台和智能物流系统，实现了农产品的高效流通与销售。电商平台为农产品提供了直接面向消费者的销售渠道，缩短了产业链，提高了农民的收入。直播带货等新兴营销方式使得农产品能够快速触达消费者，提升了市场竞争力。智能物流系统通过物联网和大数据技术优化运输路线，降低物流成本，提高配送效率。销售环节的数字化与智能化不仅拓宽了农产品的销售渠道，还提高了物流效率，为智慧农业产业链的闭环提供了重要支撑。智慧农业产业链的环节、关键技术、功能与作用见表9-2。

表 9-2　智慧农业产业链环节、关键技术、功能与作用

环　节	关键技术	功能与作用
生产环节	物联网、传感器、人工智能	实时监测农田环境，优化种植决策，提高效率，降低资源浪费，推动绿色农业
加工环节	自动化生产线、区块链	提高加工效率与品质，确保产品安全，增强消费者信任，推动品牌化
销售环节	电商平台、智能物流	拓宽销售渠道，提高物流效率，增加农民收入，提升市场竞争力

　　智慧农业产业链的数字化与智能化不仅提升了各环节的效率，还实现了产业链的协同效应。通过物联网、大数据和人工智能技术，产业链各环节的数据得以实时共享与协同，优化了资源配置。这种协同效应使得智慧农业产业链能够实现高效运转，推动农业现代化和可持续发展。通过物联网、大数据、人工智能等技术的应用，智慧农业产业链实现了从生产到销售的全流程数字化与

智能化，极大地提升了农业生产的效率与效益，为农业现代化和可持续发展提供了重要支撑。

9.2　智慧农业产业链的整合模式

智慧农业通过纵向整合和横向整合两种模式，实现了从生产到销售的全程智慧化管理。纵向整合模式通过物联网、大数据和人工智能技术，在生产、加工和销售环节实现了高效协同。在生产环节，智慧农业通过实时监测土壤、气候和作物生长数据，优化种植决策，提高生产效率。智能温室技术通过自动化控制系统调节环境，为作物提供最佳生长条件。加工环节通过自动化生产线和智能仓储系统，提高了农产品加工效率和品质。区块链技术确保了农产品的可追溯性，增强了消费者信任。销售环节通过电商平台和智能物流系统，拓宽了销售渠道，提高了物流效率，特别是无人机配送技术在偏远地区的应用，解决了传统物流难以覆盖的问题。纵向整合模式通过技术手段实现了生产、加工、销售3个环节的高效协同，优化了资源配置，降低了运营成本，推动了农业现代化和可持续发展。

横向整合模式通过跨区域、跨产业的资源协同，实现了资源共享与优势互补。跨区域资源协同通过智慧农业平台，实现了不同区域之间的资源共享与优化配置，避免了重复建设和资源浪费。鲁西北平原的精准农业技术和胶东半岛的智能温室技术可以推广到其他地区，提高农业生产效率。跨产业资源协同通过农业与金融、物流、旅游等产业的深度融合。农业与金融的深度融合通过智慧农业平台，为农民提供精准的信贷服务，降低融资成本。农业与物流的深度融合通过智能物流系统，优化运输路线，降低物流成本，提高配送效率。农业与旅游的深度融合通过智慧农业平台，为游客提供丰富的农业体验活动，增加农民收入。横向整合模式通过技术手段实现了跨区域、跨产业的资源协同，最终实现了产业链的高效协同，推动了农业现代化和可持续发展。

智慧农业产业链的深度融合还体现在与金融、物流等现代服务业的协同发展上。农业金融创新通过区块链技术和大数据技术，为农民提供透明的信贷服务和精准的农业保险，降低了融资成本和保险成本，提高了资金利用效率和风险管理能力。智能物流系统通过物联网、大数据和无人机配送技术，实现了农产品的高效流通与配送，降低了物流成本，提高了配送效率，特别是在偏远地区的应用，解决了传统物流难以覆盖的问题。智慧农业与金融、物流的深度融合，进一步优化了资源配置，降低了运营成本，提升了产业链的整体效率与竞争力，推动了农业现代化和可持续发展。

9.2.1 纵向整合：从生产到销售的全程智慧化

在生产环节，智慧农业通过物联网、大数据和人工智能技术，实现了农田环境的实时监测与精准管理。物联网传感器被广泛应用于土壤、气候和作物生长数据的采集，为农业生产提供科学依据。土壤湿度传感器能够实时监测土壤水分含量，结合智能灌溉系统实现精准灌溉；无人机则通过航拍技术监测作物生长情况，及时发现病虫害并采取防治措施。

纵向整合模式通过技术手段实现了生产、加工、销售3个环节的高效协同，优化了资源配置，降低了运营成本。生产环节的实时监测数据可以为加工环节提供科学依据，加工环节的质量追溯数据又可以为销售环节提供信任保障。这种协同效应使得智慧农业产业链能够实现高效运转，推动农业现代化和可持续发展。该模式通过技术手段实现了从生产到销售的全程智慧化管理，提升了农业生产的效率，最终实现了产业链的高效协同。这种模式为智慧农业的发展提供了重要路径，推动了农业现代化和可持续发展。

9.2.2 横向整合：跨区域、跨产业的资源协同

横向整合是智慧农业产业链优化的另一种重要模式，旨在通过跨区域、跨产业的资源协同，实现资源共享与优势互补。这种整合模式不仅能够提升农业生产的效率，还能优化资源配置，降低运营成本，最终实现产业链的高效协同。以下将从跨区域资源协同和跨产业资源协同两个方面详细分析智慧农业的横向整合模式。

跨区域资源协同是智慧农业横向整合的重要组成部分，旨在通过技术手段实现不同区域之间的资源共享与优势互补。鲁西北平原地区的精准农业技术可以推广到其他粮食主产区，胶东半岛的智能温室技术可以为其他果蔬种植区提供参考。通过跨区域资源协同，避免了重复建设和资源浪费，提高了资源利用效率。跨区域资源协同的实现主要依赖于智慧农业平台的建设。通过智慧农业平台，不同区域的生产数据、技术经验和市场信息得以实时共享与协同。智慧农业平台可以通过大数据分析，为不同区域提供精准的种植建议和管理方案，提高农业生产效率。跨区域资源协同不仅提升了农业生产的效率，还推动了区域间的协同发展，为智慧农业的全面推广提供了重要保障。跨产业资源协同是智慧农业横向整合的另一个重要组成部分，旨在通过技术手段实现农业与其他产业之间的资源共享与优势互补。农业与金融、物流、旅游等产业的深度融合，为智慧农业的发展提供了新的路径。通过跨产业资源协同，优化了资源配置，降低了运营成本，最终实现了产业链的高效协同。农业与金融的深度融合主要体现在农业金融服务的创新上。利用智慧农业平台，金融机构可以为农民提供精准的信贷服务，降低融资成本，提高资金利用效率。

农业与物流的深度融合主要体现在智能物流系统的建设上。通过智慧农业平台，物流企业可以优化运输路线，降低物流成本，提高配送效率。智能物流系统通过物联网和大数据技术，实时监控农产品的运输过程，确保产品的新鲜度与品质。农业与旅游的深度融合主要体现在农业旅游的发展上。农业旅游企业可以为游客提供丰富的农业体验活动，增加农民的收入。智慧农业示范园区结合乡村旅游，吸引了大量游客，推动了农业旅游的发展。横向整合模式通过技术手段实现了跨区域、跨产业的资源协同。跨区域资源协同通过智慧农业平台，实现了不同区域之间的资源共享与优势互补；跨产业资源协同通过智慧农业平台，实现了农业与其他产业之间的资源共享与优势互补。这种协同效应使得智慧农业产业链能够实现高效运转，推动农业现代化和可持续发展。

9.2.3　产业链与金融、物流的深度融合

智慧农业产业链的深度融合不仅体现在生产、加工和销售环节的智慧化，还体现在与金融、物流等现代服务业的协同发展上。通过将智慧农业与金融、物流等产业深度融合，可以进一步优化资源配置，降低运营成本，提升产业链的整体效率与竞争力。以下将从农业金融创新和智能物流系统两个方面详细分析智慧农业与金融、物流的深度融合。

农业金融是智慧农业产业链的重要组成部分，通过金融服务的创新，可以为农业生产提供资金支持，降低融资成本，提高资金利用效率。智慧农业技术的应用为农业金融创新提供了新的路径。基于区块链技术的农业金融平台，可以为农民提供透明的信贷服务，增强金融机构的信任度。区块链技术通过去中心化的数据存储和智能合约，确保了金融交易的透明性与安全性，降低了金融风险。此外，大数据技术在农业金融中的应用也具有重要意义。通过智慧农业平台，金融机构可以实时获取农业生产数据，为农民提供精准的信贷服务。基于农田环境监测数据和作物生长预测模型，金融机构可以评估农民的还款能力，制定个性化的信贷方案。这种精准化的金融服务不仅降低了农民的融资成本，还提高了金融机构的资金利用效率。农业保险是农业金融创新的另一个重要领域。通过智慧农业技术，保险公司可以实时监测农田环境和作物生长情况，为农民提供精准的农业保险服务。基于无人机航拍数据和气象监测数据，保险公司可以评估农业风险，制定差异化的保险方案。这种精准化的农业保险服务不仅降低了农民的保险成本，还提高了保险公司的风险管理能力。智能物流系统是智慧农业产业链的重要支撑，通过物联网、大数据和人工智能技术，可以实现农产品的高效流通与配送。智慧农业技术的应用为智能物流系统的建设提供了新的路径。基于物联网技术的冷链物流系统，可以实时监控农产品的储存和运输环境，确保产品的新鲜度与品质。物联网传感器通过实时采集温

度、湿度和气体浓度等数据，为冷链物流系统提供科学依据。大数据技术在智能物流系统中的应用也具有重要意义。物流企业可以优化运输路线，降低物流成本，提高配送效率。基于历史运输数据和实时交通信息，物流企业可以制定最优的运输路线，减少运输时间和成本。这种智能化的物流管理不仅提高了农产品的流通效率，还降低了物流企业的运营成本。无人机配送技术是智能物流系统的另一个重要应用领域。通过无人机配送技术，可以解决传统物流难以覆盖的问题，特别是在偏远地区和交通不便的地区。基于无人机配送技术，农产品可以直接从田间配送到消费者手中，缩短了物流链条，提高了配送效率。这种创新的物流模式不仅降低了物流成本，还提升了消费者的购物体验。

　　智慧农业与金融、物流的深度融合，不仅优化了资源配置，降低了运营成本，还提升了产业链的整体效率与竞争力。智慧农业产业链全流程见图 9-1。农业金融创新通过精准化的信贷和保险服务，为农业生产提供了资金支持，降低了融资成本；智能物流系统通过高效化的配送管理，为农产品流通提供了重要支撑，降低了物流成本。这种深度融合的协同效应使得智慧农业产业链能够实现高效运转，推动农业现代化和可持续发展。智慧农业与金融、物流的深度融合，为智慧农业产业链的优化提供了新的路径。通过农业金融创新和智能物流系统的建设，可以进一步优化资源配置，降低运营成本，提升产业链的整体效率与竞争力。这种深度融合模式为智慧农业的发展提供了重要支撑，推动了农业现代化和可持续发展。

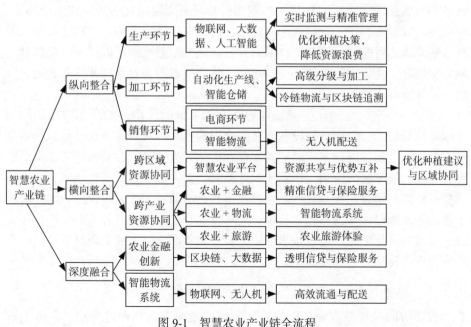

图 9-1　智慧农业产业链全流程

9.3 智慧农业产业链协同发展的关键路径

智慧农业产业链的协同发展是实现农业现代化和可持续发展的重要途径。通过技术协同、数据协同和政策协同，可以推动产业链各环节的高效整合与优化，提升整体竞争力。以下将从技术、数据和政策3个方面详细分析智慧农业产业链协同发展，其关键路径见表9-3。

表 9-3　智慧农业产业链协同发展路径

协同类型	关键内容	影响与成果
技术协同	① 应用物联网、大数据和人工智能，实现智慧化管理 ② 智能温室和精准灌溉提升生产效率 ③ 自动化生产线和电商平台优化加工与销售	提升效率，优化资源配置；推动农业现代化与可持续发展
数据协同	① 构建大数据平台，实现数据实时共享 ② 传感器监测土壤和气候数据 ③ 利用大数据优化物流运输	提升效率，优化资源配置；促进农业现代化与可持续发展
政策协同	① 政府支持技术创新与设备研发 ② 推广智慧农业技术应用 ③ 支持电商与智能物流建设	降低技术门槛，推动整合与优化；促进农业现代化可持续发展

9.3.1　技术协同：推动产业链各环节的技术创新

技术协同是智慧农业产业链协同发展的核心驱动力。通过推动产业链各环节的技术创新，可以实现从生产到销售的全流程智慧化管理。在生产环节，物联网、大数据和人工智能技术的应用，使得农田环境监测、作物生长预测和精准灌溉成为可能。智能温室技术通过自动化控制系统调节温湿度、光照和二氧化碳浓度，优化作物生长环境；水肥一体化技术则通过精准灌溉和施肥，节约资源并提高产量。

在加工环节，自动化生产线和智能仓储系统的应用，提高了农产品的加工效率与品质。自动化分拣设备通过图像识别技术对农产品进行分级，智能仓储系统则通过物联网技术实时监控库存，优化物流管理。在销售环节，电商平台和智能物流系统的应用，拓宽了农产品的销售渠道，提升了物流效率。直播带货等新兴营销方式使得农产品能够快速触达消费者，无人机配送技术则解决了传统物流难以覆盖的问题。技术协同不仅提升了产业链各环节的效率，还实现了资源的优化配置。通过技术创新，智慧农业产业链能够实现高效协同，推动农业现代化和可持续发展。

9.3.2　数据协同：构建产业链大数据平台

数据协同是智慧农业产业链协同发展的重要支撑。通过构建产业链大数据平台，可以实现生产、加工、销售各环节数据的实时共享与协同，优化资源配置。在生产环节，物联网传感器实时采集土壤、气候和作物生长数据，为农业生产提供科学依据。土壤湿度传感器能够实时监测土壤水分含量，结合智能灌溉系统实现精准灌溉；无人机则通过航拍技术监测作物生长情况，及时发现病虫害并采取防治措施。

冷链物流系统通过温度传感器实时监控农产品的储存环境，确保产品的新鲜度与品质。基于历史运输数据和实时交通信息，物流企业可以制定最优的运输路线，减少运输时间和成本。数据协同不仅提升了产业链各环节的效率，还实现了资源的优化配置。通过构建产业链大数据平台，智慧农业产业链能够实现高效协同，推动农业现代化和可持续发展。

9.3.3　政策协同：完善产业链协同发展的政策支持

政策协同是智慧农业产业链协同发展的重要保障。通过完善产业链协同发展的政策支持，可以降低智慧农业技术的应用门槛，推动产业链各环节的高效整合与优化。在技术研发与设备制造环节，政府通过财政补贴、技术培训和政策引导，支持企业进行技术创新与设备研发。政府可以通过设立专项资金，支持企业研发智能农机、无人机和传感器等设备，降低企业的研发成本。

在农业生产与加工环节，政府通过政策引导，推动智慧农业技术的应用与推广。政府可以通过制定优惠政策，鼓励农民使用智能温室、水肥一体化等技术，提高农业生产效率。在销售与物流环节，政府通过政策支持，推动电商平台和智能物流系统的建设。政府可以通过制定物流补贴政策，支持企业建设智能物流系统，降低物流成本。政策协同不仅降低了智慧农业技术的应用门槛，还推动了产业链各环节的高效整合与优化。技术协同、数据协同和政策协同是智慧农业产业链协同发展的关键路径。通过推动技术创新、构建大数据平台和完善政策支持，智慧农业产业链能够实现高效协同，推动农业现代化和可持续发展。

9.4　智慧农业产业链协同发展的典型案例

智慧农业产业链的协同发展在全球范围内已有许多成功案例，这些案例为山东省乃至全国的智慧农业发展提供了宝贵的经验与借鉴。以下将从山东省智慧农业产业链整合的成功案例和国内外智慧农业产业链协同发展的经验借鉴两个方面进行详细分析。

9.4.1　山东省智慧农业产业链整合的成功案例

山东省作为我国农业大省，近年来在智慧农业产业链整合方面取得了显著成效。通过技术创新、政策支持和资源协同，山东省成功打造了多个智慧农业产业链整合的典型案例，为全国智慧农业的发展提供了重要参考。

案例一：鲁西北粮食主产区的智慧农业应用

鲁西北地区是山东省重要的粮食主产区，近年来通过智慧农业技术的应用，实现了粮食生产的精准化与高效化。当地政府与科研机构合作，推广了基于物联网技术的智能灌溉系统。该系统通过土壤湿度传感器实时监测土壤水分含量，结合气象数据，自动调节灌溉量，实现了水资源的精准利用。此外，无人机技术的应用也大幅提高了病虫害的防治效率。通过智慧农业技术的整合，鲁西北地区的粮食产量显著提升，农民收入也实现了稳步增长。

案例二：胶东半岛果蔬产业的智慧化升级

胶东半岛是山东省重要的果蔬生产基地，近年来通过智慧农业技术的应用，实现了果蔬产业的智慧化升级。当地企业引入了智能温室技术，通过自动化控制系统调节温湿度、光照和二氧化碳浓度，优化了果蔬的生长环境。此外，区块链技术的应用也显著提升了果蔬产品的质量追溯能力。消费者可以通过扫描产品包装上的二维码，追溯果蔬的生产、加工和流通过程，确保产品的安全性与品质。通过智慧农业技术的整合，胶东半岛的果蔬产业不仅提高了生产效率，还增强了市场竞争力。

案例三：沂蒙山区特色农业的智慧化探索

沂蒙山区是山东省重要的特色农业产区，近年来通过智慧农业技术的应用，实现了特色农业的智慧化探索。当地政府与电商平台合作，推广了基于大数据技术的精准营销模式。通过分析消费者的购买行为和偏好，电商平台为沂蒙山区的特色农产品制定了精准的营销策略，大幅提升了产品的市场销量。此外，智能物流系统的应用也显著提高了农产品的流通效率。通过智慧农业技术的整合，沂蒙山区的特色农业不仅实现了高效生产，还拓宽了销售渠道，推动了区域经济的发展。

9.4.2 国内外智慧农业产业链协同发展的经验借鉴

智慧农业产业链的协同发展在全球范围内已有许多成功案例，这些案例为山东省乃至全国的智慧农业发展提供了宝贵的经验与借鉴。以下将从发达国家和发展中国家两个方面，分析国内外智慧农业产业链协同发展的成功经验。

发达国家经验：美国与荷兰的智慧农业实践

美国与荷兰是全球智慧农业发展的领先国家，其成功经验为山东省智慧农业产业链的协同发展提供了重要借鉴。在美国，智慧农业技术的应用主要体现在精准农业和智能农机上。美国农场广泛使用 GPS 技术和自动驾驶农机，实现了农田的精准播种、施肥和收割。此外，大数据技术的应用也显著提高了农业生产的效率。通过分析历史数据和实时监测数据，美国农场能够优化种植决策，提高产量和品质。

在荷兰，智慧农业技术的应用主要体现在智能温室和垂直农业上。荷兰的智能温室技术通过自动化控制系统调节温湿度、光照和二氧化碳浓度，优化了作物的生长环境。此外，垂直农业技术的应用也显著提高了土地利用效率。通过多层种植系统，荷兰在有限的土地面积上实现了高效的农业生产。通过智慧农业技术的整合，荷兰不仅提高了农业生产效率，还实现了绿色农业的发展。

发展中国家经验：印度与巴西的智慧农业探索

印度与巴西作为发展中国家，近年来在智慧农业产业链协同发展方面也取得了显著成效，其成功经验为山东省智慧农业的发展提供了重要参考。在印度，智慧农业技术的应用主要体现在农业金融和智能物流上。印度政府与金融机构合作，推广了基于区块链技术的农业金融平台。通过区块链技术，农民可以获得透明的信贷服务，降低了融资成本。此外，智能物流系统的应用也显著提高了农产品的流通效率。通过物联网和大数据技术，印度优化了农产品的运输路线，降低了物流成本。

在巴西，智慧农业技术的应用主要体现在精准农业和电商平台上。巴西农场广泛使用无人机技术和遥感技术，实现了农田的精准监测与管理。此外，电商平台的应用也显著拓宽了农产品的销售渠道。通过电商平台，巴西农民可以直接面向消费者销售农产品，提高了收入。通过智慧农业技术的整合，巴西不仅提高了农业生产效率，而且推动了农业现代化和可持续发展。

国内外智慧农业产业链协同发展的成功经验，为山东省智慧农业的发展提供了重要借鉴。通过借鉴发达国家的技术创新经验和发展中国家的资源整合经验，山东省可以进一步优化智慧农业产业链的协同发展，推动农业现代化和可持续发展。

9.5 智慧农业产业链协同发展的未来展望

9.5.1 产业链协同发展的趋势与挑战

在全球化和数字化的背景下，产业链协同发展已成为各行业提升竞争力和实现可持续发展的重要趋势。随着科技的迅猛进步，尤其是信息技术和智能化技术的快速发展，企业之间的协作模式正在经历深刻的变革。传统的产业链模式逐渐向更加灵活、高效的协同合作模式转型。产业链的各个环节通过信息共享、资源整合和协同创新，形成了更加紧密的合作关系。这种趋势不仅体现在传统制造业，还扩展到农业、服务业等多个领域。在农业领域，智慧农业的兴起使得农田管理、作物监测和市场销售之间的信息流动更加顺畅，促进了农业生产的智能化和精准化。通过引入大数据、云计算和物联网等技术，企业能够实现对生产、物流、销售等环节的实时监控和管理，显著提高了生产效率，增强了供应链的灵活性和响应速度。

与此同时，绿色可持续发展理念的深入人心也推动了产业链的协同发展。随着环保法规的日益严格和消费者对可持续产品需求的增加，企业在生产过程中越来越注重资源的节约和环境的保护。通过产业链的协同，企业能够共同开发绿色技术和产品，降低生产过程中的资源消耗和环境污染。在农业与食品加工企业之间的合作中，双方可以实现农产品的全生命周期管理，减少浪费，提高资源利用效率。这种协同不仅有助于企业降低运营成本，还能提升品牌形象，增强市场竞争力。随着可持续发展目标的逐步明确，企业在追求经济利益的同时，也开始关注社会责任和环境影响，形成了良性循环。

然而，产业链协同发展也面临诸多挑战。首先，信息孤岛现象依然存在，许多企业在数据共享和信息交流方面缺乏有效的机制。这导致产业链各环节之间的信息不对称，进而影响了协同的效率。其次，企业之间的利益冲突和竞争关系也可能阻碍协同发展。尤其在市场竞争激烈的环境中，企业往往更关注自身利益，而忽视了与合作伙伴的长期关系。此外，技术的快速变化也给产业链协同带来了挑战。企业需要不断适应新技术的应用和市场需求的变化，这对企业的管理能力和创新能力提出了更高的要求。通过加强信息共享、优化资源配置和推动绿色技术创新，企业可以在复杂多变的市场环境中保持竞争力，实现可持续发展目标。

9.5.2　推动产业链协同发展的战略建议

为了有效推动产业链的协同发展，企业和相关机构需要采取一系列战略措施，以应对当前面临的挑战并抓住发展机遇。首先，建立信息共享平台是推动产业链协同发展的基础。信息共享不仅能够提高各环节之间的沟通效率，还能为决策提供科学依据。企业应积极构建开放的数字化平台，实现数据的实时共享和透明化管理。通过信息技术的应用，打破信息孤岛，促进产业链各环节之间的协作。农业企业可以通过建立智慧农业平台，实时共享土壤、气候、作物生长等数据，帮助各参与方做出更科学的决策。这种平台不仅可以提高生产效率，还能减少资源浪费，推动农业的可持续发展。信息共享平台还可以为企业提供市场趋势分析和消费者需求预测，帮助企业及时调整生产策略，增强市场竞争力。

其次，推动跨行业合作是实现产业链协同发展的重要途径。随着市场环境的变化，单一行业的企业往往难以独立应对复杂的挑战，因此，跨行业的协同创新网络显得尤为重要。企业应积极寻求与其他行业的合作机会，形成资源整合与优势互补的合作关系。农业企业可以与金融、物流、科技等行业的企业合作，共同开发新产品和新服务，提升产业链的整体竞争力。通过跨行业的资源整合，企业可以实现技术共享、市场拓展和成本降低，从而提高市场响应速度。以农业与金融的结合为例，金融机构可以为农业企业提供精准的信贷服务，降低融资成本，而农业企业则可以为金融机构提供可靠的生产数据，增强信贷决策的科学性。这种双向合作不仅有助于提升各自的竞争力，还能推动整个产业链的健康发展。

再次，注重人才培养和技术创新是推动产业链协同发展的关键。企业应加大对人才的培养力度，特别是在数字化、智能化和可持续发展等领域的人才。随着科技的不断进步，企业需要具备能够适应新技术和市场变化的人才队伍。同时，企业还应鼓励技术创新，通过研发新技术和新产品，提升产业链的整体技术水平和竞争力。农业企业可以通过引入先进的农业科技，如精准农业和智能温室技术，提升生产效率和产品质量，从而增强市场竞争力。此外，企业还应建立创新激励机制，鼓励员工提出新想法和新方案，营造良好的创新氛围。政府和行业协会也应发挥积极作用，推动产业链的协同发展。政府可以通过政策引导和资金支持，鼓励企业进行技术创新和合作。行业协会可以搭建交流平台，促进企业之间的合作与信息共享，推动产业链的整体发展。

最后，企业应加强风险管理，提升产业链的韧性。在当前复杂多变的市场环境中，企业需要建立健全的风险管理机制，及时识别和应对潜在风险。风险管理不仅包括对市场风险的评估，还应涵盖供应链风险、技术风险和政策风险等多个方面。农业企业可以通过多元化经营和供应链管理，降低对单一市场或供应商的依赖，从而增强产业链的抗风险能力。企业还应建立应急预案，确保在突发事件发生时能够迅速反应，减少损失。通过加强风险管理，企业不仅能够提高自身的抗风险能力，还能增强产业链的整体稳定性和可持续发展能力。综上所述，推动产业链的协同发展需要多方面的努力，包括信息共享、跨行业合作、人才培养、技术创新和风险管理等，只有通过综合施策，才能实现产业链的高效协同和可持续发展。

9.6 小结

本章总结归纳了山东省智慧农业的产业链整合与协同发展，从产业链构成、整合模式、协同路径、典型案例及未来展望等多个方面进行了全面分析。

首先，本章探讨了智慧农业产业链的主要环节及其数字化与智能化特征，指出智慧农业产业链涵盖了从生产、加工、物流到销售的各个环节，并通过物联网、大数据、人工智能等技术的应用，实现了产业链的数字化与智能化升级。其次，在产业链整合模式方面，本章分析了纵向整合、横向整合以及产业链与金融、物流的深度融合。纵向整合通过从生产到销售的全程智慧化，提升了产业链的效率和效益；横向整合通过跨区域、跨产业的资源协同，实现了资源的优化配置；而产业链与金融、物流的深度融合，则为智慧农业的发展提供了资金支持和物流保障。这些整合模式为智慧农业产业链的协同发展提供了重要路径。最后，提出了智慧农业产业链协同发展的关键路径，包括技术协同、数据协同和政策协同。技术协同通过推动产业链各环节的技术创新，提升了产业链的整体竞争力；数据协同通过构建产业链大数据平台，实现了数据的共享与高效利用；政策协同通过完善产业链协同发展的政策支持，为智慧农业的发展提供了制度保障。此外，本章通过山东省智慧农业产业链整合的成功案例以及国内外智慧农业产业链协同发展的经验借鉴，进一步验证了产业链协同发展的重要性和可行性。在智慧农业产业链协同发展的未来展望方面，本章探讨了产业链协同发展的趋势与挑战，并提出了推动产业链协同发展的战略建议，如加强技术创新、优化资源配置、完善政策支持等。

安江勇，2019. 基于图像深度学习的小麦干旱识别和分级研究 [D]. 北京：中国农业科学院 .

北京博研智尚信息咨询有限公司，2004.2025—2031 年中国智慧农业行业市场现状调研及
    发展前景预测报告 [EB/OL]. [2024 年 12 月 26 日]. http://www.cninfo360.com/yjbg/sphy/
    nlxm/20220810/1639748.html.

罗锡文，2019. 加快推进薄弱环节农业生产机械化 [J]. 农机科技推广 (1):24.

曹冰雪，李瑾，冯献，等 . 2021. 我国智慧农业的发展现状、路径与对策建议 [J]. 农业现代
    化研究，42(5):785-794.

曹建书，翟景波，2023. 智能化农业技术在农作物生长监测与管理中的应用研究 [J]. 数字农
    业与智能农机 (12):30-32.

陈定洋，2016. 智慧农业：我国农业现代化的发展趋势 [J]. 农业工程技术，36(15):56-58.

翟肇裕，曹益飞，徐焕良，等，2021. 农作物病虫害识别关键技术研究综述 [J]. 农业机械学
    报，52(7):1-18.

段树谨，2022. 绿色发展背景下我国智慧农业发展问题及实现路径 [J]. 农业经济 (5):3-5.

樊启洲，2000. 农业技术推广体制改革研究 [D]. 武汉：华中农业大学 .

方俊杰，雷凯，2020. 面向边缘人工智能计算的区块链技术综述 [J]. 应用科学学报,38(1):1-
    21.

冯献，李瑾，崔凯，2022. 中外智慧农业的历史演进与政策动向比较分析 [J]. 科技管理研
    究，42(5):28-36.

傅泽田，张领先，李鑫星，2016. 互联网＋现代农业：迈向智慧农业时代 [M]. 北京：电子工
    业出版社 .

耿鹏鹏，杜文忠，2020. 基于"智慧"过程模型的广西智慧农业发展状态测度分析 [J]. 科技
    管理研究，40(19):94-102.

韩猛，2020. 吉林省智慧农业发展问题研究 [D]. 长春：吉林大学 .

韩楠，2018. 我国发展智慧农业的路径选择 [J]. 农业经济 (11):6-8.

韩雪，2024. 数智赋农：基于"5G+智慧农业"的农业发展新模式研究 [J]. 山西农经
    (9):151-153.

何海霞，2021. 互联网时代我国智慧农业发展痛点与路径研究 [J]. 农业经济 (6):15-17.

何阳秧，周忠学，2011. 基于生态足迹模型的陕西省旅游业可持续发展研究 [J]. 江西农业学

报，23(3):167-170.

胡太平，2020.智慧农业推动农业产业升级的应用与展望 [J].农业经济 (6):6-8.

黄志，2021.人工智能对经济增长的影响研究 [D].成都：四川大学 .

贾舒涵，梁耀文，赵顺宏，等，2021.山东省智慧农业生产效率空间格局及影响因素分析 [J].山东农业科学，53(8):143-150.

蒋高明，刘美珍，赵建设，2024.试论生态农业的边界与科学技术原理 [J].中国农业大学学报，29(6):8-18.

蒋璐闻，梅燕，2018.典型发达国家智慧农业发展模式对我国的启示 [J].经济体制改革 (5):158-164.

兰玉彬，陈盛德，邓继忠，等，2019.中国植保无人机发展形势及问题分析 [J].华南农业大学学报，40(5):217-225.

李道亮，田婕，李宝，等，2020.济南市智慧农业发展现状及建议分析 [J].中国果菜，40(10):75-78.

李道亮，杨昊，2018.农业物联网技术研究进展与发展趋势分析 [J].农业机械学报，1(49):1-20.

李道亮，2015.城乡一体化发展的思维方式变革——论现代城市经济中的智慧农业 [J].人民论坛·学术前沿 (17):39-47.

李欣泽，邓昀，陈守学，2021.基于物联网的智慧农业系统建设与思考 [J].智慧农业导刊，1(5):12-15.

刘科利，2024.推进智慧农业发展面临的现实约束及政策建议 [J].农业经济 (6):6-8.

刘丽伟，高中理，2016.美国发展"智慧农业"促进农业产业链变革的做法及启示 [J].经济纵横 (12):120-124.

刘婷，2023.欧盟有机农业立法的架构、维度与启示 [J].中国农业资源与区划，44(7):9-18.

马祥建，戴晖，2017."互联网＋农业"是农业产业转型升级的新引擎 [J].农业科技管理，2(36):4.

宁甜甜，2022.新发展阶段我国智慧农业：机遇、挑战与优化路径 [J].科学管理研究，40(2):131-138.

农业农村部 .关于大力发展智慧农业的指导意见 [EB/OL]. http://www.moa.gov.cn/govpublic/SCYJJXXS/202410/t20241025_6465040.htm.

农业农村部 .关于发布《农业农村大数据试点方案》（农办市〔2016〕30 号）的通知 [EB/OL]. http://www.moa.gov.cn/govpublic/SCYJJXXS/201610/t20161018_5308511.htm.

农业农村部 .关于印发《全国智慧农业行动计划（2024—2028 年）》（农市发〔2024〕4 号）的通知 [EB/OL]. http://www.moa.gov.cn/govpublic/SCYJJXXS/202410/t20241025_6465041.htm.

皮伟强，2021.基于无人机高光谱遥感的草原退化指标地物的识别与分类研究 [D].呼和浩特：内蒙古农业大学 .

山东省人民政府办公厅 . 关于加快全省智慧农业发展的意见 [EB/OL]. http://www.shandong.gov.cn/art/2018/8/20/art_2259_28470.html.

宋洪远, 2020. 智慧农业发展的状况、面临的问题及对策建议 [J]. 人民论坛 · 学术前沿 (24):62-69.

宋伟, 吴限, 2019. 大数据助推智慧农业发展 [J]. 人民论坛 (12):100-101.

隋福民, 2020. 以平台为抓手, 促进中国农业产业的升级 [J]. 中共杭州市委党校学报 (6):58-66.

王德旗, 2021. 山东省智慧农业生产中物联网技术应用的必要性分析及发展策略 [J]. 智慧农业导刊, 1(5):5-8.

王海宏, 周卫红, 李建龙, 等, 2016. 我国智慧农业研究的现状·问题与发展趋势 [J]. 安徽农业科学, 44(17):279-282.

王庆福, 2024. 区块链技术在智慧农业领域应用的现实困境与对策研究 [J]. 农业经济 (6):3-5.

魏登峰, 2016. 精细农业向智慧农业演进发展的趋势——访中国工程院院士汪懋华 [J]. 农村工作通讯 (10):22-24.

魏晓蓓, 王淼, 2018. "互联网+"背景下全产业链模式助推农业产业升级 [J]. 山东社会科学 (10):167-172.

温冰, 2016. 客家院士之农业工程专家——汪懋华 [J]. 客家文博 (2):7-9.

温希波, 2021. 我国智慧农业的发展困境与战略对策 [J]. 农业经济 (10):10-12.

吴思佳, 2023. 基于 "智能农业云" 项目的智慧农业发展新模式研究 [J]. 南方农机, 54(24):116-118.

熊航, 2020. 智慧农业转型过程中的挑战及对策 [J]. 人民论坛 · 学术前沿 (24):90-95.

熊竟宏, 任新平, 2020.AI+ 农业: 助力智慧农业发展 [J]. 11(31):6-7.

熊梓杰, 2020. 成都智慧农业发展路径研究 [D]. 成都: 成都大学 .

杨莹, 陈赟, 何学松, 2024. 我国智慧农业发展的模式创新、症结堵点与推进策略 [J]. 农业经济 (7):3-6.

岳桂兰, 郭景, 张靖国, 等, 1993. 水稻新品种选育专家系统的研制 [J]. 计算机农业应用 (1):12-15.

张晨, 2018. 计算机技术在农业生产中的科学应用 [J]. 山西农经 (8):58-59.

张晓松, 2021. 区块链安全技术与应用数据库 [M]. 北京: 科学出版社 .

赵春江, 李瑾, 冯献, 2021. 面向 2035 年智慧农业发展战略研究 [J]. 中国工程科学, 23(4):1-9.

赵春江, 2022. 促进智慧农业快速发展 [J]. 经济研究信息 (5):19-20.

赵熙, 2024. 基于 SOA 的精准农业知识集成平台的设计与实现 [D]. 长春: 吉林大学 .

郑钊, 2022. 基于物联网技术的智慧农业发展模式研究 [J]. 农业经济（2）:13-15.

中国产业研究院, 2024. 2024—2029 年中国智慧农业大棚行业重点企业发展分析及投资前

景可行性评估报告 [R].

中国共产党山东省委员会，山东省人民政府. 关于做好 2022 年全面推进乡村振兴重点工作的实施意见 [EB/OL]. http://www.shandong.gov.cn/art/2022/4/25/art_175486_537549.html.

中国互联网络信息中心. 第 54 次《中国互联网络发展状况统计报告》[EB/OL]. [2024 年 12 月 26 日]. https://www.cnnic.net.cn/n4/2024/0829/c88-11065.html.

中国农业科学院农业资源与农业区划研究所农业遥感团队. 为农业生产管理装上"千里眼"——中国农业科学院农业遥感专家 唐华俊 [J]. 世界农业，2015(3):208-210.

中华人民共和国工业和信息化部. 2024 年前 11 个月通信业经济运行情况 [EB/OL]. [2024 年 12 月 26 日]. https://www.miit.gov.cn/jgsj/yxj/xxfb/art/2024/art_191b93a3ca814f84bde3dc899244e58e.html.

中华人民共和国中央人民政府. 四部门印发《2024 年数字乡村发展工作要点》[EB/OL]. [2024 年 12 月 26 日]. https://www.gov.cn/lianbo/bumen/202405/content_6951217.htm.

中国信息通信研究院，2024. 中国数字经济发展研究报告 [R].

中国信息通信研究院政策与经济研究所，中国人民大学农业与农村发展学院. 2024. 数字乡村发展研究报告 [R].

中研普华产业研究院，2024.2024—2029 年智能农业行业风险投资态势及投融资策略指引报告 [R].

周吟，2018. 物联网下的智慧农业应用与产业升级 [C].

A P,S A, W B,2021.Building an Aerial–Ground Robotics System for Precision Farming An Adaptable Solution[J]. IEEE (3).

A S S, M L G, Keerio, et al.,2023.Application of Drone Surveillance for Advance Agriculture Monitoring by Android Application Using Convolution Neural Network[J]. 7(13).

Adli H K, Remli M A, Wan S W K, et al. ,2023.Recent Advancements and Challenges of AIoT Application in Smart Agriculture: A Review[J]. Sensors (Basel), 23(7).

Akhter R, Sofi S A,2022.Precision agriculture using IoT data analytics and machine learning[J]. Journal of King Saud University. Computer and information sciences, 34(8):5602-5618.

Albuquerque C K G, Polimante S, Torre-Neto A, et al., 2020. Water spray detection for smart irrigation systems with Mask R-CNN and UAV footage[C].IEEE.

Alda-Catalinas C, Ibarra-Soria X, Flouri C, et al. ,2024. Mapping the functional impact of non-coding regulatory elements in primary T cells through single-cell CRISPR screens[J]. Genome Biol, 25(1):42.

Amara J, Bouaziz B, Algergawy A,2017.A Deep Learning-based Approach for Banana Leaf Diseases Classification[C]. Stuttgart, Germany, Workshopband.

Arslan A, McCarthy N, Lipper L, et al. , 2015.Climate Smart Agriculture? Assessing the Adaptation Implications in Zambia[J]. Journal of Agricultural Economics, 66(3):753-780.

Ayala-Chauvin M, Avilés-Castillo F,2025. Towards Smart Agriculture An Overview of Big Data in the Agricultural Industry: International Conference on Technologies and Innovation[C]. Springer, Cham.

Bach H, Mauser W, 2018.Sustainable Agriculture and Smart Farming[J]. Springer:261-269.

Barton H, 2003. New Zealand farmers and the Internet[J]. British food journal, 105(1/2):96-110.

Bui V, Nguyen L, 2021.Blockchain in Agri-Food Supply Chains Management Opportunities and Challenges[M]//E-Business in the 21st Century Essential Topics and Studies:365-395.

Cai Y, Guan K, Nafziger E, et al. ,2019.Detecting In-Season Crop Nitrogen Stress of Corn for Field Trials Using UAV- and CubeSat-Based Multispectral Sensing[J]. IEEE journal of selected topics in applied earth observations and remote sensing, 12(12):5153-5166.

Calıkoğlu C, Sadowski A,2024. Circular Economy for Sustainable Development: A Food System Perspective[J]. Journal of agribusiness and rural development, 71(1):55-70.

Comer C Z S P,2013.Comparative Research on Sino-US Agricultural Innovation Model in Science and Technology[J]. Asian Agricultural Research(5):18-23.

Debnath O, Saha H N, 2022.Studies from University of Calcutta Yield New Information about Networks (An Iot-based Intelligent Farming Using Cnn for Early Disease Detection In Rice Paddy)[J]. Network Daily News (24):9.

Dharmasena T, Silva R D, Abhayasingha N, et al. ,2019.Autonomous Cloud Robotic System for Smart Agriculture[C]. IEEE, 2019.

Friha O, Ferrag M A, Shu L, et al. ,2021.Internet of Things for the Future of Smart Agriculture: A Comprehensive Survey of Emerging Technologies[J]. IEEE/CAA journal of automatica sinica, 8(4):718-752.

Garlando U, Bar-On L, Avni A, et al. , 2020. Plants and Environmental Sensors for Smart Agriculture, an Overview[C]. IEEE.

Gereffi G, 1999.International trade and industrial upgrading in the apparel commodity chain[J]. Journal of International Economics, 1(48):37-70.

Gia T N, Qingqing L, Queralta J P, et al. ,2019. Edge AI in Smart Farming IoT: CNNs at the Edge and Fog Computing with LoRa[C]. IEEE.

Huang G, Huang J, Chen X, et al., 2021.Recent Advances and Future Perspectives in Cotton Research[J]. Annual Review of Plant Biology, 72(1):437-462.

Islam N, Rashid M M, Pasandideh F, et al., 2021. A Review of Applications and Communication Technologies for Internet of Things (IoT) and Unmanned Aerial Vehicle (UAV) Based Sustainable Smart Farming[J]. Sustainability, 13(4):1821.

Jamaluddin N, 2013.Adoption of E-commerce Practices among the Indian Farmers, a Survey of Trichy District in the State of Tamilnadu, India[J]. Procedia economics and finance, 7:140-149.

Jenifa A, Ramalakshmi R, Ramachandran V,2019.Cotton Leaf Disease Classification using Deep Convolution Neural Network for Sustainable Cotton Production[C]. IEEE.

Jia W, Zhang Y, Lian J, et al. ,2020.Apple harvesting robot under information technology: A review[J]. International Journal of Advanced Robotic Systems, 17(3).

Jiang C, Li X, Ying Y, et al., 2020.A multifunctional TENG yarn integrated into agrotextile for building intelligent agriculture[J]. Nano energy, 74:104863.

Kassanuk T, Phasinam K,2022.Design of blockchain based smart agriculture framework to ensure safety and security[J]. Materials today : proceedings, 51:2313-2316.

Keerthan R S S P N T, 2023.Importance of biodiversity in rhizosphere microbes for crop response and methods to assess the biodiversity[J]. Journal of Oilseeds Research, 1(40):462-464.

Khan M, Wahid A, Ahmad M, et al., 2020.World cotton production and consumption: An overview, in Cotton Production and Uses: Agronomy, Crop Protection, and Postharvest Technologies[M]. Singapore: Springer.

Kundu N, Rani G, Dhaka V S, et al,2021.IoT and Interpretable Machine Learning Based Framework for Disease Prediction in Pearl Millet[J]. Sensors (Basel), 21(16).

Lioutas E D, Charatsari C,2020.Smart farming and short food supply chains: Are they compatible?[J]. Land Use Policy, 94:104541.

Liu Z, Wang S, 2019. Broken Corn Detection Based on an Adjusted YOLO With Focal Loss[J]. IEEE Access, 7:68281-68289.

McDonald N, Fogarty E S, Cosby A, et al. ,2022. Technology Acceptance, Adoption and Workforce on Australian Cotton Farms[J]. Agriculture, 12(8):1180.

Mukhamedova K R, Cherepkova N P, Korotkov A V, et al. ,2022. Digitalisation of agricultural production for precision farming: A case study[J]. Sustainability, 22(14):14802.

Mwungu C M, Shikuku K M, Atibo C, et al. , 2019.Survey-based data on food security, nutrition and agricultural production shocks among rural farming households in northern Uganda[J]. Data Brief, 23:103818.

Nciizah A D, Wakindiki I I, 2016.Physical crust formation and steady-state infiltration rate in soils dominated by primary minerals in some South African ecotopes[J]. South African journal of plant and soil, 33(1):43-50.

Oskouei R, Amer A, Taajobian M, 2017.Applications of Internet Of Things (IOT) and Web Mining Techniques for Improving e-Learning Performance: 5th International Conference Engineering and Technology Innovationa (ICSETI)[C].

P R, A G, S A,2023.Internet of Things and smart sensors in agriculture Scopes and challenges[J]. Journal of Agriculture and Food Research(14).

Pal P, Sharma R P, Tripathi S, et al. ,2021.Genetic algorithm optimized node deployment in IEEE

802.15.4 potato and wheat crop monitoring infrastructure[J]. Scientific Reports, 11(1).

Palaniswamy A, Rosaiah Y, Patil V, et al. , 2002.Precision farming with GIS a way to meet the challenges of globalization: 1st Nat. Conf. Agri-Informatics (NCAI), Dharwad, India[C].

Panigrahi K P, Sahoo A K, Das H,2020. A CNN Approach for Corn Leaves Disease Detection to support Digital Agricultural System[C]. IEEE.

Paul B K, Frelat R, Birnholz C, et al. ,2018.Agricultural intensification scenarios, household food availability and greenhouse gas emissions in Rwanda: Ex-ante impacts and trade-offs[J]. Agricultural systems, 163:16-26.

Pour Mohammad ,Bagher Esfahani L, Asadiye Z S, 2009. The Role of Information and Communication Technology in Agriculture[C]. IEEE.

Purnomoadi A, 2018.Early Fattening Lamb Could Mitigate Methane Production-an Example of Climate Smart Livestock Farming System in Indonesia[J]. IOP Conference Series: Earth and Environmental Science, 119:12002.

Pyingkodi M, Thenmozhi K, Nanthini K, et al. ,2022.Sensor Based Smart Agriculture with IoT Technologies: A Review[C].IEEE.

Qi J, Liu X, Liu K, et al., 2022.An improved YOLOv5 model based on visual attention mechanism: Application to recognition of tomato virus disease[J]. Computers and electronics in agriculture, 194:106780.

Rabhi L, Falih N, Afraites L, et al. ,2021.Digital agriculture based on big data analytics: a focus on predictive irrigation for smart farming in Morocco[J]. Indonesian Journal of Electrical Engineering and Computer Science, 24(1):581.

Raj E F I, Appadurai M, Athiappan K, 2021.Precision Farming in Modern Agriculture[M]// BISWAS A, CHOUDHURY A, CHOUDHURY A, et al. Singapore: 61-87.

Raj M, Gupta S, Chamola V, et al. , 2021.A Survey on the Role of Internet of Things for Adopting and Promoting Agriculture 4.0[J]. Journal of Network and Computer Applications.

Salampasis M, Christos D T, 2005.Methodologies for Solving the Integration Problem of Agricultural Enterprise Applications:Agents,Web Services and Ontologies[J]. Operational Research (1):81-92.

Sarpal D, Sinha R, Jha M, et al.,2022.AgriWealth IoT based farming system[M]. Microprocess. Microsyst.

Sebastian T, Geethanjali P, 2020.Systematic review of Internet of Things in smart farming[J]. Transactions on Emerging Telecommunications Technologies, 6(31).

Sharma S, Borse R. Automatic Agriculture Spraying Robot with Smart Decision Making[M]// MITRA S, CORCHADO RODRIGUEZ J M, CORCHADO RODRIGUEZ J M, et al., 2016. Switzerland: Springer International Publishing AG:743-758.

Singh A, Jadoun Y S, Brar P S, et al. ,2022. Smart Technologies in Livestock Farming[M]// SEHGAL S, SINGH B, SHARMA V. Singapore: Springer Nature Singapore:25-57.

Sistler F E, 1991.Techniques for Automation Systems in the Agriculture Industry[J]. Control & Dynamic Systems(49):99-128.

Sohoo S, 2008. ICT Initiative of SAARC Agriculture Centre in the SAARC Region[C]. IEEE.

Sun J, Lai Z, Di L, et al. , 2020.Multilevel Deep Learning Network for County-Level Corn Yield Estimation in the U.S. Corn Belt[J]. IEEE Journal of Selected Topics in Applied Earth Observations and Remote Sensing, 13:5048-5060.

T W, B C, Z Z,2022.Applications of machine vision in agricultural robot navigation A review[J]. Computers and Electronics in Agriculture.

Tian H, Wang T, Liu Y, et al. ,2020.Computer vision technology in agricultural automation —A review[J]. Information processing in agriculture, 7(1):1-19.

Tsong J L, Khor S M,2023. Modern analytical and bioanalytical technologies and concepts for smart and precision farming[J]. Anal Methods, 15(26):3125-3148.

Uélison Jean L. Dos Santos P G C A, 2019.AgriPrediction: A proactive internet of things model to anticipate problems and improve production in agricultural crops[J]. Computers and Electronics in Agriculture(161):202-213.

V M, 2021.Artificial and Natural Intelligence Techniques as IoP- and IoT-Based Technologies for Sustainable Farming and Smart Agriculture[M]. Hershey, PA, USA: IGI Global.

Verdouw C, Tekinerdogan B, Beulens A, et al. ,2021.Digital twins in smart farming[J]. Agricultural Systems (189).

Wei X, Zhu S, Zhou S, et al., 2020.Identification of Soybean Origin by Terahertz Spectroscopy and Chemometrics[J]. IEEE Access, 8:184988-184996.

Yang S, Hu L, Wu H, et al., 2021.Integration of Crop Growth Model and Random Forest for Winter Wheat Yield Estimation From UAV Hyperspectral Imagery[J]. IEEE journal of selected topics in applied earth observations and remote sensing, 14:6253-6269.

Yang X, Shu L, Chen J, et al., 2021.A Survey on Smart Agriculture: Development Modes, Technologies, and Security and Privacy Challenges[J]. IEEE/CAA journal of automatica sinica, 8(2):273-302.

Zhang B, Xie Y, Zhou J, et al. ,2020.State-of-the-art robotic grippers, grasping and control strategies, as well as their applications in agricultural robots: A review[J]. Computers and electronics in agriculture, 177:105694.

Zhang D, Wang Z, Jin N, et al. , 2020.Evaluation of Efficacy of Fungicides for Control of Wheat Fusarium Head Blight Based on Digital Imaging[J]. IEEE Access, 8:109876-109890.

附录1：种植大户调查问卷

问卷第　　　号：

您好！我是烟台市农业科学研究院智慧农业所的调查员。我们正在进行一项关于种植大户在智慧农业信息服务需求及支付意愿方面的社会调研。希望能了解您的实际情况。本问卷仅用于学术研究，采用匿名方式进行，不会泄露您的任何信息。感谢您的参与与配合！

调查地点：　　　市　　　县　乡（镇）　　村

一、种植负责人基本情况

1. 您家种植负责人年龄：＿＿＿＿　性别：＿＿＿＿　联系电话：＿＿＿

2. 您家种植负责人的教育背景？

①小学 ②初中 ③高中或中专 ④大专 ⑤本科及以上

3. 您家种植面积有多少：＿＿＿＿亩　　　年产量：＿＿＿＿吨

4. 您家种植负责人是否为党员？①是 ②否

5. 种植负责人是否接受过农业相关的培训？①是②否

二、种植大户家庭基本情况

1. 您家有＿＿＿＿口人；16～60岁劳动人口有＿＿＿＿人；务农劳动力有＿＿＿＿人。

2. 您家中是否开通了网络？①是 ②否

3. 您平时是否关注农业种植信息？①是 ②否

4. 2023年您家全年纯收入＿＿＿＿万元。

5. 您家庭的农业总收入在整体收入中所占的比例为多少＿＿＿＿？

附录 2：种植大户调查问卷

问卷第　　　号：

您好！我是烟台市农业科学研究院智慧农业所的调查员。我们正在进行关于山东省智慧农业发展的相关情况社会调研。希望能了解您的实际情况。本问卷仅用于学术研究，采用匿名方式进行，不会泄露您的任何信息。感谢您的参与与配合！

调查地点：　　　市　　　县　　　乡（镇）　　　村

1. 性别：_____　年龄：_____

2. 文化水平：_____

3. 家庭人数：_____　从事农业生产的人数：_____

4. 家里拥有耕地面积有多少：_____亩　　年产量：_____吨

5. 农业年收入是_____万元

6. 您听说过智慧农业吗：_____

　　A. 很清楚　　　B. 比较清楚　　　C. 只是听说过　　D. 不知道

7. 您目前了解或使用的智慧农业技术有哪些？

　　A. 无人植保作业　B. 物联网技术　　C. 大数据平台　　D. 无

8. 您觉得山东省有大力发展智慧农业的必要吗？　A. 需要　　　B. 不需要

9. 您通过哪些途径获取种植农作物种类的相关信息？

　　A. 市场风向　　　B. 大数据平台　　C. 常规种植

10. 您通常通过哪些渠道购买农资产品？

　　A. 个体户　　　　B. 电商平台　　　C. 品牌经销商

11. 您接触的农业科技人员的技术推广频率情况：_____

　　A. 一周一次　　　B. 一个月一次　　C. 一个季度一次

　　D. 一年一次　　　E. 基本没见过

12. 您认为智慧农业在我省发展面临哪些困难或挑战？

　　A. 对新技术掌握不到位　　　　　B. 资金投入高

　　C. 缺少专业性人才　　　　　　　D. 其他

13. 您对推动我省智慧农业发展有哪些意见或建议：_____

图书在版编目（CIP）数据

山东省智慧农业发展研究：理论、技术与区域实践 / 刘洋，丁朋松，郭艳主编. -- 北京：中国农业出版社，2025.7. -- ISBN 978-7-109-33503-5

Ⅰ . F327.52-39

中国国家版本馆CIP数据核字第2025L37T55号

山东省智慧农业发展研究：理论、技术与区域实践
SHANDONG SHENG ZHIHUI NONGYE FAZHAN
YANJIU: LILUN、JISHU YU QUYU SHIJIAN

中国农业出版社出版

地址：北京市朝阳区麦子店街18号楼

邮编：100125

责任编辑：卫晋津　吴丽婷

版式设计：创艺涵　责任校对：周丽芳　责任印制：王　宏

印刷：中农印务有限公司

版次：2025年7月第1版

印次：2025年7月北京第1次印刷

发行：新华书店北京发行所

开本：787mm×1092mm　1/16

印张：11.5

字数：218千字

定价：88.00元